JOSÉ ORTEGA Y GASSET

EUROPEA Y LA IDEA DE NACIÓN

seguido de

HISTORIA COMO SISTEMA

José Ortega y Gasset
(1883-1955)

Europea y la idea de nación - 1960

seguido de

Historia como sistema - 1941

Publicado por
Omnia Veritas Ltd

www.omnia-veritas.com

EUROPEA Y LA IDEA DE NACIÓN 7
INTRODUCCIÓN 9
    DE NACIÓN A PROVINCIA DE EUROPA 9
    ¿Hay hoy una conciencia cultural europea? 15

II 24
    DE EUROPA MEDITATIO QUAEDAM 24
    Introducción. Matinalistas y vespertinistas 24
    La sociedad europea 34
    La dualidad del hombre gótico 38
    Pendulación entre lo europeo y lo nacional 40
    La idea de nación 45
    La idea de polis 51
    La dualidad del hombre griego 61
    Nación y naciones 64
    Nación es empresa y tradición 68
    Nacionalidad y nacionalismo 73
    Opinión pública y poder público El equilibrio europeo. El derecho
    consuetudinario 81
    El caso de Alemania 88
    Las vigencias sociales 96
    Técnica, espacio e información 101
    La intimidad de las naciones 106
    Nacionalismo y cosmopolitismo 109

III 113
    OTROS ENSAYOS SOBRE PROBLEMAS DEL HOMBRE CONTEMPORÁNEO 113
    Pasado y porvenir para el hombre actual 113
    Individuo y organización 141
    Una vista sobre la situación del gerente o "manager" en la
    sociedad actual 160
    Las profesiones liberales 189

APÉNDICE 210
    El estímulo de la inseguridad 212

HISTORIA COMO SISTEMA 216
I 218
II 221

III	226
IV	229
V	235
VI	238
VII	248
VIII	254
IX	265
OTROS LIBROS PUBLICADO POR OMNIA VERITAS	**273**

EUROPEA Y LA IDEA DE NACIÓN

Introducción

DE NACIÓN A PROVINCIA DE EUROPA

El ciclo de lecciones dadas por mí hace dos años (1951) en la universidad de Munich se titulaba *"Die Idee der Nation und die deutsche jugend"*. En ellas intenté responder a fondo a la pregunta: ¿Qué es una nación? No es posible ahora reproducir aquel desarrollo, pero necesito enunciar cuál era su resultado. Era éste: nación en el sentido que damos a esta palabra cuando la referimos a los pueblos europeos, significa una unidad de convivencia distinta de lo que entendemos por un "pueblo". Un "pueblo" es una colectividad constituida por un repertorio de usos tradicionales que el azar o las visicitudes de la historia ha creado. El pueblo vive inercialmente de su pasado y nada más. Ninguno de esos usos es por sí respetable. Se ha originado mecánicamente. Es un modo de tatuarse o de vestirse, un modo de casarse, de ejecutar ritos vagamente religiosos, un modo de hablar y de gesticular. En los pueblos más primitivos lo más "popular", es decir, lo más constitutivo y simbólico de su conciencia colectiva, son las danzas en torno a los tambores sagrados. Por eso en Nigeria, donde viven próximos unos a otros muchos "pueblos" distintos, próximos pero muy conscientes de su diferencia, para decir que alguien es un extranjero se dice que "¡Ese baila con otro tambor!" No es sino concretar en una palabra, abreviadamente y, por tanto, con deliberada exageración (pero exageración que sirve precisamente para destacar bien la realidad), decir que un pueblo consiste en puras manías acumuladas por el azar, que lo mismo podrían ser otras cualesquiera.

Ahora bien, una nación en el sentido de nación europea es, claro está, también y ante todo un pueblo en el indicado sentido. Consiste también en una serie de manías y en un tesoro de costumbres, de habitualidades en que el pasado se ha petrificado. Estas manías, por ser completamente infundadas, parecen, claro está, absurdas y ridículas a las otras naciones como las de éstas lo parecen a la primera.

Pero la nación europea llegó a ser "nación" "sensu stricto" porque a esa "vida propia" de los usos tradicionales en que los hombres viven de modo inercial, añadieron formas de vida que, si bien articuladas con las tradicionales, pretenden representar una "manera de ser hombre" en el sentido más elevado; que aspiraba a ser precisamente la manera más perfecta de ser hombre y, por tanto, bien fundada y proyectada sobre el porvenir. Cada uno de esos prototipos nacionales había sido forjado como una forma peculiar de interpretar precisamente la "unitaria cultura europea", es decir que ésta era vivida intensamente y con propio estilo por cada nación. Esto -y no sólo las inveteradas manías- significaba todavía en 1900 "ser inglés", "ser francés". Esta enérgica pretensión de representar la mejor figura posible de humanidad mantuvo "en forma" a los pueblos de Europa, e hizo que su convivencia tuviese durante siglos el maravilloso y fertilísimo carácter de una grandiosa emulación, de una lucha agonal en que se incitaban los unos a los otros hacia mayor perfección. Pero esto nos hace ver que la Idea de Nación, a diferencia de los pueblos que no son sino pueblos, implica, ante todo, ser un programa de vida hacia el futuro.

Pues bien, esto es lo que hoy han dejado de ser los pueblos de Europa. De pronto -si bien el fenómeno comenzó antes de la última guerra, conste- las naciones de Europa -y en lo que sigue me refiero sólo al continente- se quedaron íntimamente sin porvenir, sin proyectos de futuro, sin aspiraciones creadoras. Todas se colocaron en simple actitud defensiva y, por cierto, en actitud insuficientemente defensiva. Mas el porvenir no es una noción de cronología abstracta. El porvenir es el órgano principal y primario de la vida humana. La vida es una operación que se hace hacia delante. Cada uno de nosotros es primero y ante todo porvenir. En este instante están ustedes ya atentos y en espera de la palabra que yo voy a pronunciar. Todo lo demás, presente y pasado, surgen en el hombre en vista del por venir. De aquí que nada más grave puede acontecer a los hombres o a su pueblo que sufrir la amputación de ese órgano vital que es el porvenir. El da tensión a nuestro ser, nos disciplina, nos moraliza. Sin porvenir, lo mismo un hombre que un pueblo, se desmoraliza, se envilece.

Hace, señoras y señores, casi treinta años anuncié que los pueblos de Europa iban a caer muy pronto en envilecimiento. El libro donde esto dije, traducido al alemán hace demasiado tiempo -ha sido aquí mucho más leído que atendido. Allí dije que esa desmoralización, que ese envilecimiento sobrevendrían porque la Idea de Nación, tal y como había sido entendida hasta ahora, había agotado su contenido, no podía proyectarse sobre el futuro, dadas las condiciones de la vida actual; y que los pueblos de Europa sólo podían salvarse si trascendían esa vieja idea esclerosada poniéndose en camino hacia una supra-nación, hacia una integración europea. Pero no hay destino más melancólico y más superfluo que el del profeta. Casandra, la primera profetisa, recibió de Apolo el don de prever el futuro y vaticinarlo con una condición: que nadie le hiciese caso.

La Idea de Nación, que había sido hasta ahora una espuela, se convierte en un freno. Incapaz de ofrecer a cada pueblo un programa de vida futura los paraliza y los encierra dentro de sí mismos. Pero esto significa que las colectividades europeas han dejado de ser propiamente naciones y por un proceso de involución ha retrocedido al estado primitivo de pueblos que no son sino pueblos, ha recaído en la vida propia de sus pequeños usos, hábitos, manías. Los periódicos se ocupan principalmente en conmemorar las glorias caseras, en hablar de sus pequeños hombres, como nunca habían hecho hasta ahora. Al mismo tiempo se cultiva el folklore monumentalizándolo de una manera grotesca. El folklore es el prototipo de lo casero.

En el número del semanario americano "Life", publicado hace dos semanas, aparece un artículo escrito por un canadiense que se titula: "Un lujo europeo peligroso, odiar a América". En el artículo resplandece la buena fe con que ha sido escrito y quiere intentar que los pueblos europeos tengan una idea más justa de los Estados Unidos, y éstos mayor comprensión de Europa. En un viaje reciente por nuestro continente e Inglaterra, le ha sorprendido lo que él llama "odio americano". Cuando quiere precisar los motivos de ese supuesto "odio", lo que aparece en primer plano, lo único preciso y eficaz resulta ser que los europeos no pueden aguantar las maneras de los hombres americanos.

Como yo estoy ahora analizando la actitud de los pueblos europeos entre sí y, por tanto, con respecto a Europa, no tengo por qué -ni además tensría hoy tiempo- para analizar la actitud de los pueblos europeos con respecto a América. Es éste, en parte un problema especial y distinto del que nos ocupa. Pero si quiero aprovechar la ocasión para decir que este artículo, no obstante la buena intención que lo inspira, y a pesar de que todos los hechos por él subrayados son auténticos, tiene del asunto una visión superficial que falsifica la figura misma de la realidad que aspira a presentarnos. En efecto, Mr. Bruce Hutchinson -así se llama el autor- habría interpretado de manera muy distinta los hechos por él efectivamente observados si hubiese caído en la cuenta de que en sus cuatro quintas partes ese "odio" -hating- hacia los americanos es idéntico a la antipatía que los pueblos europeos sienten unos hacia otros. Por lo tanto que en la mayor parte de sus componentes la odiosidad hacia el americano no es nada peculiar, sino un caso particular de la ridícula intolerancia que cada pueblo de Europa siente frente a los demás. Esta es la ventaja de un diagnóstico que busca en toda su extensión los síntomas de una enfermedad e intenta bajo ellos descubrir la verdadera causa. Estarían en un error los americanos si se preocupan demasiado de lo que en estos dos últimos años, en estos meses, sienten hacia ellos los europeos, atribuyéndolo exclusivamente a la odiosidad hacia ellos.

Piensen ustedes ahora si no es paradójica la presente situación de los pueblos europeos. Por encima de ellos, quieran o no, enormes problemas comunes a todos se elevan sobre el horizonte y pasan sobre ellos como negras nubes viajeras. Esto les obliga -repito, quieran o no- a hacer algunos gestos de vaga, tenue, oblicua participación en esos problemas. Pero en realidad -y esto es lo insensato-, no sienten interés auténtico por ellos, como si esos problemas no se refiriesen a todos. La prueba es el hecho escandaloso de que casi ningún pueblo de Europa tiene una política que afronte esos problemas. Lo más que hacen es decir "no" a todo lo que se les propone. En cambio, se afirman en sus viejas costumbres, atentos sólo a las minúsculas cosas, personas, acontecimientos que dentro del ámbito nacional aparecen.

Y la causa de todo ello es que la forma de la colectividad en que perduran -la Nación-... ¡no tiene porvenir! El "nacionalismo hacia fuera" les llevaba a "vivir, moverse y ser" -para emplear las palabras de San pablo- en el ancho mundo. Ahora bien, la idea de Nación como he indicado está constitutivamente proyectada hacia el porvenir, es esencialmente empresa.

Al quedar el porvenir amputado, la idea de Nación, en lo que tenía de auténtico, se ha evaporado. Las naciones han dejado de ser naciones y se han convertido en provincias, de aquí el sorprendente fenómeno de que en todo el continente la vida se ha vuelto provincial. Y sería interesante estudiar en qué forma particular se ha producido este "provincianismo" dentro de cada país. Por ejemplo, como paría, "capital del mundo" hasta hace cuarenta años, se las ha arreglado para -en una curiosa manera- devenir en ciudad provinciana. Siento mucho en este punto del "provincianismo" no encontrarme con derecho a hacer ninguna excepción.

La verdad es que desde hace un cuarto de siglo el comportamiento de los pueblos continentales -sin más excepción que Suiza- no puede hacerles sentirse orgullosos de sí mismos. En rigor, debía cada uno sentirse avergonzado de lo que ha hecho y debía haber más europeos que por primera vez, y a su pesar, sienten asco hacia Europa, es decir, del estado en que hoy se encuentra. Yo soy uno y lo declaro a todos los vientos. Tengo cierta autoridad para hacerlo porque muy probablemente soy hoy, entre los vivientes, el decano de la Idea de Europa.

¿HAY HOY UNA CONCIENCIA CULTURAL EUROPEA?

En el siglo XVII los pueblos de Europa llegan plenamente a sentirse "naciones". Esto tiene, sin embargo, dos excepciones que conviene tener presentes, porque acaso en ellas se encierra el secreto del próximo porvenir. Una es que Inglaterra se anticipa, por lo menos un siglo, a los pueblos del continente en adquirir la conciencia madura de nacionalidad. La otra es que Alemania tarda siglo y medio más que las demás colectividades europeas en verse a sí misma como una nación. No podemos ahora dedicar ni un instante a sugerir por qué se produjeron ambas anomalías. Sólo importa, para entender lo que va a acontecer en estos años inmediatos, no olvidar que Inglaterra tiene un siglo más de experiencia nacional que los demás pueblos de occidente y que Alemania al llegar demasiado tarde a la clara voluntad de ser una nación no ha logrado que su nacionalidad se solidifique, sino que la situación actual le sorprende en un estado único entre los pueblos de Europa, estado que puede ser de incalculable fecundidad para el inmediato porvenir, a saber: un gran pueblo cuya conciencia de nación no se ha cerrado sino que está abierta y se halla mejor que ningún otro pueblo en disponibilidad para poder ser "nación" en un sentido muy distinto y más actual que las viejas naciones.

Todo lo dicho hasta aquí debe servirnos como fondo y cuadrícula orientadora para poder, sin demasiada e irresponsable vaguedad, responder a la pregunta que el "Bundesverband der deutschen Industrie" me ha arrojado a la cabeza como un peligroso proyectil que tiene la ironía de obligarme a considerarlo como un homenaje.

¿Hay hoy una conciencia cultural europea? Si lo expuesto anteriormente anda cerca de la verdad, la respuesta no ofrece duda: esta conciencia cultural europea existe y no puede menos que existir. Para que esto no fuera así sería preciso que hubiera otra cultura completa, propia y aparte, en cada uno o en algunos pueblos de lo que había sido Europa. De ello no hay el menor signo. Creo por tanto, que el verdadero sentido de la pregunta es más bien el intento de precisar cómo, con que caracteres peculiares, en qué estado, en suma, se halla en estos años que vivimos esa conciencia unitaria de cultura. Es evidente que en los últimos cincuenta años representan una de las etapas en que predomina lo que hay de diferente en nuestros pueblos sobre lo que hay de común. Por este lado no habría que calificar como anormal la situación, puesto que eso ha acontecido otras veces. Sin embargo, ese predominio de lo diferencial sobre lo unitario ha adquirido un aspecto completamente nuevo en estos últimos años porque coincide con necesidades históricas que obligan a los pueblos europeos a dar a su básica unidad tradicional formas más precisas y expresas, a saber, formas jurídicas de unidad. La estructura de la economía actual fuerza a nuestros pueblos, quieran ellos o no, a adoptar acuerdos formalmente constituidos que limiten la soberanía de cada uno, subordinándola a poderes supranacionales que Europa como tal adquiere figura jurídica. Lo propio acontece con los peligros comunes que obligan a crear una defensa unitaria con formal carácter europeo. Todas estas cuestiones son las designadas por la expresión "unidad de Europa" que estos años tan frecuentemente es empleada. Mas conviene que no se confunda el problema de la unidad de Europa con el de la conciencia de cultura europea. Ambos tienen sólo una dimensión común. Por eso convenía hacer constar que ha existido siempre una conciencia cultural europea y sin embargo, no ha existido nunca una unidad europea en el sentido que hoy tiene esa expresión. En ella la unidad se refiere a formas estatales. Europa como cultura no es lo mismo que Europa como Estado. Pero una vez que hemos subrayado la diferencia de ambas cosas importa mucho, a mi juicio, representarse claramente la relación que entre ambas hay.

La tesis, expuesta por mí, puede resumirse en estas tres proposiciones:

1. Los pueblos europeos han convivido siempre.
2. Toda convivencia continuada engendra automáticamente una sociedad, y sociedad significa un sistema de usos que es válido, o lo que es igual, que ejerce su mecánica presión sobre los individuos que conviven.
3. Si lo anterior es cierto, han tenido que existir siempre usos generales europeos, tanto intelectuales como morales; tiene que haber habido una opinión pública europea. Ahora bien, la opinión pública crea siempre, indefectiblemente, un poder público que da a aquella opinión carácter impositivo.

Esto nos lleva a hacernos perentoriamente esta pregunta: ¿Ha habido en el pretérito un poder público europeo? Nótese que decir "poder público" es como decir Estado. ¿Qué responderemos a aquella pregunta? La respuesta no es fácil, porque tropieza con una viciosa tendencia, sobremanera generalizada, que lleva a no querer ver la realidad que es el Derecho y la realidad que es el Estado, sino cuando ambas presentan figuras muy especialmente dibujadas; es más, cuando han adquirido ya expresión rigurosamente formulada. Y nada estorba más para descubrir las auténticas realidades históricas. Pues la verdad es que nunca el Derecho ha consistido "sólo" en las leyes expresas y que, viceversa, muchas leyes expresas que son oficialmente aún válidas no se cumplen porque han perdido su validez real. Lo propio acontece con el Estado. Éste consiste últimamente en el funcionamiento del orden público. En su forma plena y más normal el poder público es ejercitado por lo que se llama un gobierno legalmente estatuido. Pero la verdad es que existen otros modos de funcionar la terrible presión que es el poder público, donde no aparece la figura visible de un gobierno. Dígase que ese poder público de carácter difuso es sólo un germen de poder público y un rudimento de Estado; pero germen y rudimento son la cosa misma en su manifestación primaria e inicial.

Por no advertir esto que es de tan sencilla observación, se ha tenido siempre una idea errónea de cuál era la verdadera realidad de los Estados nacionales. Se consideraba como el atributo principal del Estado su carácter soberano. No discutiremos ahora si era en efecto y sin limitaciones soberano respecto al interior de su nación. Pero lo que es palmario es que ningún Estado nacional europeo ha sido nunca totalmente soberano en relación con los demás. La soberanía nacional ha sido siempre relativa y limitada por la presión que sobre cada una de ellas ejercía el cuerpo íntegro de Europa. La total soberanía era una declaración utópica que encabezaba la redacción de la "Constitución", pero, en la realidad sobre cada Estado nacional gravitaba el conjunto de los demás pueblos europeos que ponían límites al libre comportamiento de cada uno de ellos amenazándole con guerras y represalias de toda índole, es decir, penas y castigos según son constitutivos de todo derecho y de todo Estado. Había, pues, un poder público europeo y había un Estado europeo. Sólo que este Estado no había tomado la figura precisa que los juristas llaman Estado, pero que los historiadores, más interesados en las realidades que en los formalismos jurídicos, no deben dudar en llamarlo así. Ese Estado europeo ha recibido en el pasado diversos nombres. En tiempo de Wiltheim von Humboldt se le llamaba "concierto europeo" y poco después hasta la Primera Guerra Mundial se le llamó "equilibrio europeo". Noten ustedes que la palabra "equilibrio", tomada de la mecánica, significa "relación de fuerzas". No era, pues, una mera palabra, sino que era una constante amenaza, nada diferente a la permanente amenaza que representan estos buenos hombres que son los policías.

Por tanto, los pudores que hoy algunos pueblos sienten o fingen sentir ante todo proyecto que limite su soberanía no están justificados y se originan en lo poco claras que están en las cabezas las ideas sobre la realidad histórica. Pero, repito, importa mucho que no confundamos la cuestión de la unidad europea.

La unidad de Europa, en el sentido que hoy se da a la expresión, es una cuestión política y de formas jurídicas, de acuerdos precisos. A ella se irá -repito, en una u otra forma-, aunque no exista la voluntad espontánea, el deseo de ir a ella. Ese género de estructuras históricas depende mínimamente de las voluntades particulares y máximamente de las necesidades o forzosidades. La vida humana es ciertamente libertad, pero es también necesidad o, si se la quiere llamar así, fatalidad.

Nos encontramos ahora algo mejor preparados para arriesgar un diagnóstico de la situación actual en lo que atañe a la conciencia cultural europea.

Dije antes que el siglo XVIII se caracterizó por un muy acusado predominio de lo común europeo sobre lo que en cada pueblo había de diferente. En contraste con ello en el siglo XIX fue, como es sabido, el siglo de las nacionalidades. Cada pueblo siente con máxima intensidad su figura nacional, hasta el punto que funcionaliza esta conciencia en la forma que se ha llamado "nacionalismo". El "ismo" denuncia siempre una exageración y en este caso consistía en que cada nación no se contentaba con serlo, sino que aspiraba a la máxima expansión de sí misma, y en muchos casos a intentar dominar a las demás. Esta nacionalismo expansivo, este nacionalismo "hacia afuera", llevó a grandes contiendas, guerreras o diplomáticas entre unos y otros, que despertaron en ellos odios y fobias. Pero es interesante hacer notar que estos odios y fobias tenían su origen en la lucha por cosas concretas y precisas. Es la época, no se olvide, de la lucha por las colonias o de la lucha por los mercados. Pero el carácter concreto de estas contiendas no impedía que los pueblos contendientes se estimasen y aún se admirasen por las virtudes peculiares de cada uno. Por ejemplo, se combatía contra el inglés, pero, al mismo tiempo, se le admiraba.

Este nacionalismo hacia fuera terminó con las dos últimas grandes guerras, pero le ha sucedido otra forma sumamente extraña de nacionalismo que padecemos estos años y que no he visto observada ni descrita por nadie, aunque es tan patente. Ninguna nación europea pretende hoy expansiones ni predominios. Sin embargo, su actitud íntima hacia las otras naciones es más negativa que nunca ha sido. Cada pueblo vive como encerrado en sí mismo. Las mismas cosas que por la forzosidad de la situación se ve obligado a hacer en unión de los demás, le quedan ajenas y exteriores a sus efectivos sentimientos. Nadie hubiera podido esperar tan extraño fenómeno. Cada pueblo quiere vivir hoy de sus propios y particulares modos de vida y siente antipatía por los modos de vida de los demás. Siento tener que decir esto, pero creo un deber hacerlo constar porque no lo he visto formulado. Hoy ningún pueblo admira a otro pueblo, al contrario, le irrita todo lo peculiar del otro pueblo, desde el modo de moverse hasta el modo de escribir y de pensar. Esto significa que el "nacionalismo hacia fuera" se ha convertido en un sorprendente "nacionalismo hacia dentro" o, como diríamos mejor, con un vocablo francés, en un nacionalismo "rentré".

Ya esto bastaría para deprimir transitoriamente la conciencia común de una cultura europea. Pero el fenómeno es demasiado extraño para que no tenga su origen en alguna causa determinada y enérgica. Es evidente que nuestras naciones no vivirían reclusas dentro de sus particulares modos de ser si la cultura común europea ejerciese sobre ellos un gran poder de atracción, que las incitase a salir de sí mismas y a vivir con entusiasmo los modos generales europeos. Sólo esto explica aquella actitud absurda de vital particularismo. Porque, entiéndase bien: hoy no se trata, como siglos anteriores, de que cada pueblo crea que su manera particular de ser hombre es la mejor, la más perfecta, la más rica. Es por lo menos dudoso que haya hoy ninguna nación europea que sienta plena confianza en sí misma, que vea claro su porvenir como nación. La nacionalidad que durante el siglo XIX era una animadora empresa ha perdido hoy su poder de impulsar y de proyectar en el futuro. Ha dejado de ser dinámica y se ha vuelto estática y pasiva. Tal vez no fuera inadecuado decir que hoy las naciones descansan fatigadas y para descansar se han metido en casa, en sus usos tradicionales, en sus costumbres, en sus manías. No por creer que son muy estimables, sino simplemente porque son los suyos, porque están habituadas a ellos, porque les son cómodos y los usos de las otras les son incómodos. Las naciones se han metido en casa y se han puesto las zapatillas.

Estoy exponiendo a ustedes con toda franqueza la impresión que tengo de la situación real. Esta impresión, como todo lo que es sólo impresión, no se puede demostrar. Tal vez es un error, pero aunque sea un error yo pediría a ustedes que, antes de desecharla, meditasen un poco sobre ella.

Mi idea es, pues, que estamos estos años -los años en que habría de nacer una Europa unitaria- viviendo la etapa en que las naciones europeas se sienten más distintas y más distantes, en que cada pueblo, no por motivos concretos, sino por una gratuita y general antipatía no puede aguantar a los otros.

Ahora bien, sería un error suponer que esto significa la ausencia de una conciencia cultural europea. Al contrario, la causa de que esto acontezca radica, como hace un momento he sugerido, en esa "conciencia de la cultura" misma. Supongan que nuestra cultura europea, ella por sí y en su más íntimo fondo, atravesase una aguda crisis, que casi todo en ella se hubiese vuelto inseguro, problemático. Si nuestros pueblos se dan cuenta de esto no cabe prueba más rigorosa y enérgica de que hay una conciencia cultural europea. Ya he dicho alguna vez que, precisamente, le pertenece a la cultura europea, quizá como su rasgo más característico, el sufrir crisis periódicamente. Esto significa que no es, como las otras, una cultura cerrada, cristalizada una vez para siempre. Por eso sería un error intentar definir la cultura europea por determinados contenidos. Su gloria y su fuerza reside en que está siempre dispuesta a ir más allá de lo que era, más allá de sí misma. La cultura europea es creación perpetua. No es una posada, sino un camino que obliga siempre a marchar. Ahora bien, Cervantes, que había vivido mucho, nos dice, ya viejo, que el camino es mejor que la posada.

II

DE EUROPA MEDITATIO QUAEDAM

(Dedico el texto completo de esta conferencia al Magistral Berlins, que tan honrosamente me llamó, me hospedó, me agasajó, así como a los "Studenten und Studentinen" -¡cuantos ojos maravillosos!-, que escucharon con tan efusiva cordialidad).

INTRODUCCIÓN. MATINALISTAS Y VESPERTINISTAS

Pienso que es en Berlín, precisamente en Berlín, donde se debe hablar de Europa. El tema es enorme y tiene las más numerosas dimensiones, pero es tan nuclear, tan jugoso, que aún para decir sobre él lo más mínimo serían necesarias muchas horas. Por eso es aventura de sobra insensata querer decir yo algo sobre Europa cuando dispongo para ello sólo de unos cuantos minutos. En casos como este se me hace especialmente manifiesto hasta qué punto son obesos los vocablos, cuán grande es el volumen de tiempo que desalojan y echo de menos que, como hay una taquigrafía o estenografía, no exista algo así como una "taquifonía", un hablar condensado que permita a un alma, en el breve ciclo que forma una hora verter sobre las almas afines toda la cosecha de sus pensamientos. Mas no habiendo nada parecido, lo que voy a hacer -hablar unos minutos sobre Europa- se parece sobremanera al número de circo en que el japonés pinta su cuadro en sesenta segundos con el pie izquierdo.

Pero hay dificultades más esenciales que, viniendo de otros cuadrantes, caen sobre nosotros cuando nos proponemos hablar sobre un tema auténtico y vivaz.

Y esto me lleva a llamar la atención sobre algo con que conviene contar en el presente. Los pueblos europeos están desde hace siglos habituados a que conforme van aconteciendo los cambios históricos haya gentes que se encargan de intentar aclararlos, de procurar definirlos. Ha sido esta la labor de la pura intelectualidad. No creo que la pura intelectualidad tenga en la historia un papel cuantitativamente un papel muy importante, pero la realidad es que los organismos sociales europeos estaban habituados a contar con que se haga luz sobre lo que va pasando. Es una función, como la vitamínica, de escaso valor cuantitativo, pero sin la cual el organismo no puede vivir. Pues bien, por vez primera desde hace muchos siglos esa labor de esclarecimiento ha quedado incumplida durante los últimos veinte años. Los más auténticos intelectuales, por razones diversas y bien fundadas, han guardado absoluto silencio. Y es el caso que durante ellos han acontecido hechos históricos que por su tamaño y su índole pertenecen a una fauna nueva en la historia; por tanto, aún más necesitados de aclaración. Al faltar ésta resulta que las angustias, dolores, derrumbamientos, penalidades de toda clase se ha añadido, para aumentar el sufrimiento de los europeos, la falta absoluta de claridad sobre eso que sufrían. El dolor quedó y queda multiplicado por la tiniebla en que se produce. Las gentes enduraban tormentos y no sabían ni saben de dónde éstos vienen ni quién o qué las atormenta. Si pretendemos dar a la tremenda coyuntura una expresión humorística, habremos de recordar aquel cuadro presentado en una exposición de pinturas cuyo lienzo estaba todo él embadurnado de negro y llevaba este rótulo: "Lucha de negros en un túnel".

La segunda dificultad, más sustancial, consiste en que Europa es ciertamente un espacio, pero un espacio impregnado de una civilización y esta civilización, la nuestra, la europea, se nos ha convertido a nosotros mismos los europeos en lago problemático. Más aún: conversar sobre cualquier tema importante es hoy sobremanera difícil, porque las palabras mismas han perdido su sentido eficaz. Como acontece siempre al fin de un ciclo cultural, los vocablos de las lenguas están todos envilecidos y se han vuelto equívocos. Las dos únicas palabras que conservaban algún prestigio -cárcel y muerte- hoy ya no significan nada porque se ha llevado a la cárcel por los motivos más opuestos y más fútiles, porque se ha asesinado bajo todos los pretextos y porque una reciente filosofía macabra, una filosofía que viene a ser como una nueva "Danza de la muerte" ha querido convertir a la muerte en "bonne à tout faire".

En el siglo tercero después de Cristo, cuando declina la civilización grecorromana, en su poema sobre la caza, o "Cynegeticon", el poeta Nemesianus dice ya: "Ovnis et antiqui Vulgata est fabula seeli" (verso 47). Todo lo que se venía diciendo de antiguo, todas las creencias y todos los decires están envilecidos -"Vulgata". La palabra democracia, por ejemplo, se ha vuelto estúpida y fraudulenta. Digo la palabra, conste, no la realidad que tras ella pudiera esconderse. La palabra democracia es inspiradora y respetable cuando aún era siquiera como idea, con significación algo relativamente controlable. Pero después de Yalta esta palabra se ha vuelto ramera porque fue pronunciada y suscrita allí por hombres que le daban sentidos diferentes, más aún, contradictorios: la democracia de uno era la antidemocracia de los otros dos, pero tampoco estos dos coincidían suficientemente en su sentido. Para el inglés es la democracia americana aquella constitución que permite al pueblo elegir cada cinco años un nuevo tirano. El presidencialismo sería sentido por el inglés como una tiranía con pulsación periódica de ritmo lustral. La palabra democracia ha quedado, pues, prostituida porque ha recibido sobre sí los hombres más diferentes. Esto es de sobra conocido y si yo ahora, un poco más enérgicamente, lo repito es tan sólo - conste asií- porque basta enunciarlo para hacer patente que no es en palabras como esa donde puede resultar fértil y saludable apoyar la palanca para levantar la situación política del mundo. Si los políticos actuales, que son ciegos de nacimiento, creen lo contrario, pese sobre ellos íntegra la responsabilidad del fracaso.

De modo inevitable nos es a todos patente que nos hallamos en una hora crepuscular. Mas por una natural ilusión óptica muchos europeos poco perspicaces creen que ese crepúsculo es vespertino. A los que piensan así les llamo vespertinistas. Aunque yo no puedo dar aquí las razones, que son muchas y muy precisas, para hacer persuasivo mi vaticinio, diré sin más que, a mi juicio, se trata de un crepúsculo matutino. Me adscribo pues, aunque somos muy pocos, a la grey de los matinalistas. Ciertamente todo en Europa se ha vuelto cuestionable. Pero una cosa necesito añadir en seguida para que no se tergiverse mi diagnóstico sobre la situación por que atraviesa Europa y que enérgicamente hice constar ante mis oyentes americanos. El que nuestra civilización se nos haya vuelto problemática, el sernos cuestionables todos sus principios sin excepción no es, por fuerza, nada triste ni lamentable, ni trance de agonía, sino acaso, por el contrario, significa que en nosotros una nueva forma de civilización está germinando, por tanto, que bajo las catástrofes aparentes -en historia las catástrofes son menos profundas de lo que parecen a sus contemporáneos-, que bajo congojas y dolores y miserias, una nueva figura de humana existencia se halla en trance de nacimiento. Pensamos así, claro está, los que no somos vespertinistas, sino matinalistas. La civilización europea duda a fondo de sí misma. ¡Enhorabuena que sea así! Y no recuerdo que ninguna civilización haya muerto de un ataque de duda. Creo recordar más bien que las civilizaciones han solido morir por una petrificación de su fe tradicional, por una arteriosclerosis de sus creencias. En un sentido mucho más hondo y menos ficticio que el pensado por él, podemos repetir lo que nuestro gran antepasado Descartes, "ce chevalier français qui partit d'un si bon pas", decía: "Dudo, luego existo". El hombre necesita de la fe: ha menester de creencias como de un suelo y una tierra firme donde poder tenderse a descansar. Mas cuando no se trata de descansar, recordemos a Goethe:

(Los tuyos pueden descansar ociosos,
pero quien me siga siempre tendrá algo que hacer.)

Cuando no se trata de descansar, sino por el contrario, de ser con máxima intensidad, por tanto, de crear, el hombre emerge y se levanta desde el elemento como líquido, fluctuante y abismático que es la duda. Esta, la duda, es el elemento creador y el estrato más profundo y sustancial del hombre; porque éste ciertamente no comenzó, en cuanto hombre natural y no sobrenatural, por tener fe, e inclusive el cristianismo reconoce que el hombre, al dejar de ser sobrenatural y convertirse en el hombre histórico, lo primero que hizo fue perder la fe y estar en un mar de dudas (Sólo en español la expresión es perfecta con el modismo "caer en un mar de dudas"; por eso la he empleado así). Admirable expresión que todos nuestros idiomas poseen, donde se conserva vívida la más vieja experiencia humana, la más esencial: aquella situación en que no hay un mundo solidificado de creencias que lo sostenga y le lleve y le oriente, sino un elemento líquido donde se siente perdido, se siente caer -estar en la duda es caer-, se siente náufrago. Pero esta sensación de naufragio es el gran estimulante del hombre. Al sentir que se sumerge reaccionan sus más profundas energías, sus brazos se agitan para ascender a la superficie. El náufrago se convierte en nadador. La situación negativa se convierte en positiva. Toda civilización ha nacido o ha renacido como un movimiento natatorio de salvación. Este combate secreto de cada hombre con sus íntimas dudas, allá en el recinto solitario de su alma, da un precipitado: este precipitado es la nueva fe de que va a vivir la nueva época.

Por debajo de los fenómenos superficiales, que se perciben a simple vista -la penuria económica, el confusionismo político-, el hombre europeo comienza a emerger de la catástrofe y ¡gracias a la catástrofe! Pues conviene advertir que las catástrofes pertenecen a la normalidad de la historia, son una pieza necesaria en el funcionamiento del destino humano. Una humanidad sin catástrofes caería en la indolencia, perdería todo su poder creador.

Al comienzo de sus "Lecciones sobre la Historia de la Filosofía Universal" dice Hegel que cuando volvemos la mirada hacia el pasado lo primero que vemos es sólo... ruinas. La historia pertenece a la categoría del cambio.

"Lo que puede deprimirnos -dice Hegel- es que la más rica figura, la vida más bella encuentra su ocaso en la historia. En la historia caminamos ante las ruinas de lo egregio. La historia nos arranca de lo más noble y hermoso, que tanto nos interesa. Las pasiones lo han hecho sucumbir. Es perecedero. Todo parece pasar y nada permanecer. Todo viajero ha sentido esta melancolía. ¿Quién ante las ruinas de Cartago, Palmira, Persépolis o Roma no se ha entregado a consideraciones sobre la caducidad de los imperios y de los hombres, al duelo por una vida pasada, fuerte y rica? Es un duelo que no deplora pérdidas personales y la caducidad de los propios fines, como sucede junto al sepulcro de las personas queridas, sino un duelo desinteresado, por la desaparición de vidas humanas brillantes y cultas".

Estas frase, maravillosamente troqueladas, son impresionantes y la romántica resonancia que, como el rumor de un caracol marino, nos llega en la melodía de su estilo nos recuerda al mejor Chateaubriand.

Las ruinas, pues, forman parte de la íntima economía de la historia. Las ruinas son ciertamente terribles para los arruinados, pero más terrible sería que la historia no fuese capaz de ruinas. Sentimos como una pesadilla la imaginación de que todas las construcciones del pretérito se hubiesen conservado. No tendríamos lugar donde poner nuestros pies. Por eso yo quisiera incitar, especialmente a los alemanes, para que se comporten ante su atroz catástrofe no sólo con dignidad sino con elegancia, viendo en ella lo que es: algo normal en la historia, una de las caras que la vida puede tomar. Porque muchas veces la vida toma, en efecto, un rostro que se llama derrota. Bien ¿y qué? ¿No puede acaso ser esto una buena fortuna? Los que tienen de la realidad histórica una concepción mágica no lo admitirán. Pero Maquiavelo, que no creía en la magia, nos dice:

Ed è, e sempre fu, e sempre fia
che'l mal suceda al bene e il bene al male,
e l'un sepre cagion de l'altro sia.

En el fondo, tanto da lo que nos haya pasado; lo decisivo es que sea lo que sea, sepamos aprovecharlo. El buen jugador de pelota toma esta de donde le llega.

Piú vol d'ogni vittoria un bel soffrire,

Insinúa el joven jesuita Pastorini en su famoso soneto a Génova, su patria, devastada por los franceses en 1684.

También esto lo sabía Goethe cuando nos dice:

(Pues todo tiene que volverse nada,
si debe, al cabo, perdurar en ser).

Pero la categoría del cambio, de la mutación -la categoría de esencia en la historia- tiene, según Hegel, un reverso. Tras de las ruinas se oculta el rejuvenecimiento.

En casi todas sus ciudades, viven ustedes los alemanes dentro de un inmenso esqueleto. Están ustedes alojados como dentro de los costillares de una gigantesca carroña.

Para nosotros los españoles esto no es cosa demasiado grave, porque los españoles amamos también -conste que no lo digo sólo-, amamos también lo esquelético. La fuerza mayor y más auténtica del español es que no pone condiciones a la vida; está siempre pronto a aceptarla, cualquiera sea la cara con que se presenta. Ni siquiera exige a la vida el vivir mismo. Está en todo momento dispuesto a abandonarla sencillamente y sin más literatura. Esto nos da una insuperable libertad ante la vida y merced a ello, respondemos siempre en estas últimas situaciones en que se han perdido todas las esperanzas. Por eso nos hemos especializado en guerras de independencia y en guerras civiles, que son guerras de desesperación. No es azar que una de las palabras existentes hoy en todas las lenguas de Occidente y especialmente en la alemana se la -Desesperado- Politik.

Esta tradición de mi pueblo que, como todo lo de mi pueblo, llevo, líquido, corriendo por mis venas me ha hecho percibir con más claridad cómo, dentro de este esqueleto, siguen ustedes resueltos a vivir, con una serenidad, con un empuje, una sonrisa de juventud verdaderamente ejemplares -y empleo esta palabra asténica "ejemplares" para dejar descansar la de "heroicas", una de las pocas que en estos últimos años se han usado sin restricciones-. Libérense ustedes lo antes posible de cuanto en su estado de ánimo actual es puro efecto traumático de la terrible catástrofe y quédense sólo con lo esencial que, a mi juicio, consiste en estas dos cosas: una, la ilimitada capacidad de enérgica reacción residente en el pueblo alemán, que hace de él el único pueblo aún joven de Occidente; otra, la aceptación tranquila, digna y aun elegante de la derrota. Ya en 1916 decía yo -y hace pocas semanas el profesor Curtius citaba mis palabras de entonces, en la revista "Merkur"- que los alemanes no solían estar preparados para la derrota. Esta vez espero que no sea así.

Pero si es cierto que para ustedes se ha presentado la vida con esa cara que se llama derrota no es menos cierto que los rasgos de ella se diferencian esta vez bien poco de los que ostenta la faz que se llama victoria. Todo hace pensar que se trata de una universal derrota. Pero, ¿no es esto la condición inexcusable para que pudiéramos soñar con una universal victoria?

Uno de los caracteres más profundos y más radicalmente nuevos que comienzan a acusarse en la cultura que dentro de nosotros está germinando es la creencia en que no es lo mejor que cosas y destinos sean permanentes, inmutables. Solo los vespertinistas están interesados en que todo perdure. Pero no es permanencia, sino moverse la suatncia del hombre. Pertenecemos a la simiente de Heráclito, el más genial de los pensadores, pero que siempre ha sido relegado extramuros de la ciudad filosófica, como un malhechor. Mas nosotros ponemos la proa hacia una cultura, la única adecuada a un ente como el hombre, que en medio de un mundo en constante movimiento es él mismo móvil. Sea nuestro lema: "Mobilis in mobile". O con palabras de Goethe:

(Todo lo domina un ser mudadizo que en nosotros y con nosotros muda).

Sobre este fondo, que es nuestra inmediata actualidad, intentemos decir algo sobre Europa...

La sociedad europea

Este enjambre de pueblos occidentales que partió a volar sobre la historia desde las ruinas del mundo antiguo se ha caracterizado siempre por una forma dual de vida. Pues ha acontecido que conforme cada uno iba poco a poco formando su genio peculiar, entre ellos o sobre ellos se iba creando un repertorio común de ideas, maneras y entusiasmos. Mas aún, este destino que les hacía, a la par, progresivamente homogéneos y progresivamente diversos, ha de entenderse con cierto superlativo de paradoja. Porque en ellos la homogeneidad no fue ajena a la diversidad. Al contrario, cada nuevo principio uniforme fertilizaba la diversificación. La idea cristiana engendra las iglesias nacionales: el recuerdo del "Imperium" romano inspira las diversas formas del Estado; la "restauración de las letras clásicas" en el siglo XV dispara las literaturas divergentes: la ciencia y el principio unitario del hombre como "razón pura" crea los distintos estilos intelectuales que modelan diferencialmente hasta las extremas abstracciones de la obra matemática. En fin, y para colmo, hasta la extravagante idea del siglo XVIII según la cual todos los pueblos han de tener una constitución idéntica produce el efecto de despertar románticamente la conciencia diferencial de las nacionalidades, que viene a ser como incitar a cada uno hacia su particular vocación.

Y es que para estos pueblos llamados europeos vivir ha sido siempre -claramente desde el siglo XI, desde Otón III- moverse y actuar en un espacio o ámbito común. Es decir, que para cada uno vivir era convivir con los demás. Esta convivencia tomaba indiferentemente aspecto pacífico o combativo. Peleaban dentro del vientre de Europa, como los gemelos Eteocles y Polinice en el seno materno. Las guerras intereuropeos han mostrado casi siempre un curioso estilo que las hace parecerse mucho a las rencillas domésticas. Evitan la aniquilación del enemigo y son más bien certámenes, luchas de emulación como las de los mozos dentro de una aldea, o disputas de herederos por el reparto de un legado familiar. Un poco de otro modo, todos van a lo mismo. "Eadem sed aliter". Como Carlos V decía de su primo Francisco I: "Mi primo Francisco y yo estamos por completo de acuerdo; cada uno de los dos quiere Milán." Por vez primera, en esta última guerra, unos y otros pueblos de Occidente han intentado aniquilarse.

Lo de menos es que a ese espacio histórico común donde todas las gentes de Occidente se sentían como en su casa corresponda su espacio físico que la geografía denomina Europa. El espacio histórico a que aludo se mide por el radio de efectiva y prologada convivencia. De suyo e ineluctablemente ésta segrega costumbres, usos, lengua, derecho, poder político. Uno de los más graves errores del pensamiento "moderno", cuyas salpicaduras aun padecemos, ha sido confundir la sociedad con la asociación, que es, aproximadamente, lo contrario de aquella. Una sociedad no se constituye por acuerdo de las voluntades. Al revés, todo acuerdo de voluntades presupone la existencia de una sociedad, de gentes que conviven, y el acuerdo no puede consistir sino en precisar una u otra forma de esa convivencia, en esa sociedad preexistente. La idea de la sociedad como reunión contractual, por tanto jurídica, es el más insensato ensayo que se ha hecho de poner la carreta delante de los bueyes. Porque el derecho, la realidad "derecho" -no las ideas sobre él del filósofo, jurista o demagogo-es, si se me tolera la expresión barroca, secreción espontánea de la sociedad y no puede ser otra cosa. Querer que el derecho rija las relaciones entre seres que previamente no viven en efectiva sociedad, me parece -y perdóneseme la insolencia- tener una idea bastante confusa y ridícula de lo que el derecho es.

No debe extrañar, por otra parte, la preponderancia de esa opinión confusa y ridícula sobre el derecho, porque una de las máximas desdichas del tiempo es que al topar las gentes de Occidente con los terribles conflictos públicos del presente se han encontrado pertrechados con un utillaje arcaico y torpísimo de nociones sobre lo que es sociedad, colectividad, individuo, usos, ley, justicia, revolución, etc. Buena parte del azoramiento actual proviene de la incongruencia entre la perfección de nuestras ideas sobre los fenómenos físicos y el atraso escandaloso de las "ciencias morales". El ministro, el profesor, el físico ilustre y el novelista suelen tener de esas cosas conceptos dignos de un barbero suburbano. ¿No es perfectamente natural que sea el barbero suburbano quien ha dado la tonalidad a nuestro inmediato pasado?

Pero volvamos a nuestra ruta. Quería insinuar que los pueblos europeos son desde hace mucho tiempo una sociedad, una colectividad en el mismo sentido que tienen estas palabras aplicadas a cada una de las naciones que integran aquella. Esa sociedad manifiesta todos los atributos de tal: hay costumbres europeas, usos europeos, opinión pública europea, derecho europeo, poder público europeo. Pero todos estos fenómenos sociales se dan en la forma adecuada al estado de evolución en que se encuentra la sociedad europea, que es, claro está, tan avanzado como el de sus miembros componentes, las naciones.

Hablando, pues, rigorosamente, entiendo por sociedad la convivencia de hombres bajo un determinado sistema de usos -porque derecho, opinión pública, poder público no son sino usos-. Desgraciadamente, no es ahora ocasión de hacer ver cómo y por qué ello es así. Pronto podrán encontrarlo en el libro mío que, dentro de pocos meses, va a aparecer bajo el título "El hombre y la gente".

Pero si una sociedad es eso que acabo de decir, parecerá incuestionable que lo ha sido Europa, más aún, que Europa como sociedad existe con anterioridad a la existencia de las naciones europeas. La comunidad de vida bajo un sistema de usos puede tener los grados más diversos de densidad; ese grado depende de que el sistema de usos sea más o menos tupido, o lo que es igual, que incluya mayor o menor número de "lados de la vida". Desde el inmenso Dilthey sabemos que la vida tiene lados y que es "eben mehrseiting". En este sentido las naciones de Occidente se han ido formando poco a poco, como núcleos más densos de socialización dentro de la más amplia sociedad europea que como un ámbito social preexistía en ellas. Este espacio histórico impregnado de usos, en buena parte comunes, fue creado por el Imperio romano y la figura geográfica de las naciones luego emergentes coincide sobremanera con la simple división administrativa de las "diócesis" en el Bajo Imperio. La historia de Europa, señores, que es la historia de la germinación, desarrollo y plenitud de las naciones occidentales, no se puede entender si no se parte de este hecho radical: que el hombre europeo ha vivido siempre, a la vez, en dos espacios históricos, en dos sociedades, una menos densa, pero más amplia, Europa; otra más densa, pero territorialmente más reducida, el área de cada nación o de las angostas comarcas y regiones que precedieron, como formas peculiares de sociedad, a las actuales grandes naciones. Hasta tal punto es esto así que en ello reside la clave para la comprensión de nuestra historia medieval, para aclararnos las acciones de guerra y de política, las creaciones de pensamiento, poesía y arte de todos aquellos siglos. Es, pues, un estricto error pensar que Europa es una figura utópica que acaso en el futuro se logre realizar. No; Europa no es solo ni tanto futuro como algo que está ahí ya desde un remoto pasado; más aún, que existe con anterioridad a las naciones hoy tan claramente perfiladas. Lo que sí será preciso es dar a esa realidad tan vetusta una nueva forma. Lejos de ser la unidad europea mero programa político para el inmediato porvenir, es el único principio metódico para entender el pasado de Occidente y muy especialmente al hombre medieval, a quien llamaremos el "hombre gótico", aun a sabiendas de que con ello sometemos a una contradicción todos los siglos y formas de vida medievales.

La dualidad del hombre gótico

En efecto, salvado ese error habríamos visto cómo la estructura de la vida y el alma del hombre gótico está basada en esta circunstancia peculiarísima de que pueblos nuevos, cuya mentalidad era tierna y elemental -en unos, porque pertenecían a los adolescentes pueblos germánicos, en otros, los pueblos de antiguo romanizados, porque la decadencia de la civilización antigua los había retrotraído como a una segunda infancia-, se encontraban en la necesidad de vivir una doble vida: por una parte vivían, tanto el señor feudal como el labriego en su terruño, en su gleba de angostísimo horizonte. Esta era la porción más densa, más íntima, más adecuada a sus medios mentales. Por otra parte se sentían perteneciendo a un enorme espacio histórico que era todo el Occidente, del cual les llegaban muchos principios, normas, técnicas, saberes, fábulas, imágenes; en suma, el organismo residual de la civilización romana. Esta otra vida era, como no podía menos, algo abtruso, superpuesto a la más espontánea e inmediata. La civilización del Imperio romano era producto tardía de una civilización muy vieja, ya en sus últimas horas, por tanto, abstracta, complicada y en muchos órdenes, como el administrativo y el jurídico, de un superlativo refinamiento. Todo este segundo sistema de usos caía, como desde fuera, sobre aquellos hombres nuevos y estos lo recibían en sí y procuraban alojar en aquel gigantesco ámbito sus vidas, pero, claro está, no lo entendían bien, les quedaba siempre un mucho distante, como algo sublime y trascendente.

Mas por lo mismo -y esto es lo humanamente curioso- el hombre gótico cuando desde su vida espontánea e irreflexiva quería, digamos, "comportarse como es debido", se esforzaba con conmovedora torpeza para obedecer aquellos principios ajenos a él, que le llegaban impuestos desde fuera para someterle a aquellas normas, para vivir aquellas imágenes, para representarse a Alejandro, a Catón o a Virgilio. Pero, como no podía menos, lo que en efecto hacía era interpretar esa vida en el gran espacio venerable y venerado del Imperio por medio de los pequeños usos y maneras y apetitos e ideas de su estrecha vida comarcana. De aquí la encantadora ingenuidad de sus manifestaciones, que nosotros percibimos como "primitivismo", para aplicar a la historia general un término forjado en la historia del arte.

Noten que la gracia, el "charme" de los pintores llamados primitivos consiste en que representan la vida de la Virgen como si fuera la de una buena mujer de una aldea flamenca o italiana que acaba de parir, y al gran Alejandro como si fuera un capitán de milicia urbana o como un "condottiere" cualquiera.

Pero el ejemplo más convincente y a la par más humanamente extraño es que la más alta pero más extravagante hazaña de la Edad media, a saber, las Cruzadas, solo es inteligible si lo contemplamos mediante este esquema y esta óptica del primitivismo -por tanto, del tener que existir, a la vez, en un doble espacio histórico.

Los grandes señores feudales y los reyes se iban a Oriente tan tranquilos como si partieran para una escaramuza con algún incómodo vecino. Y lo mismo hallamos si nos hacemos presente cómo el hombre gótico iba absorbiendo las vetustas, preexistentes formas de cultura creadas por los antiguos, por tanto, la escolástica, el Derecho romano, el humanismo. En estas sucesivas recepciones vuelve a la superficie de los pueblos europeos en formación, aún como dispersos y divergentes, el fondo primero, inicial del espacio social "Europa".

PENDULACIÓN ENTRE LO EUROPEO Y LO NACIONAL

Cada uno de los pueblos a que ustedes y yo y franceses y británicos, etc., pertenecemos ha vivido permanentemente a lo largo de su historia esa forma dual de vida, la que le viene de su fondo europeo, común con los demás, y la suya diferencial que sobre ese fondo se ha creado. Pero como la realidad que esto enuncia es de carácter social debe ser expresada en términos sociológicos, y entonces podemos formularla, declararla así: la peculiar sociedad que cada una de nuestras naciones es tiene desde el principio dos dimensiones. Por una de ellas vive en la gran sociedad europea constituida por el gran sistema de usos europeos que con una expresión nada feliz solemos llamar su "civilización"; en la otra procede comportándose según el repertorio de usos particulares, esto es, diferenciales. Ahora bien, si contemplamos sinópticamente todo el pasado diferencial advertimos que aparece en él un ritmo en el predominio que una de esas dos dimensiones logra sobre la otra. Ha habido siglos en que en la sociedad europea predominaba la vida particular de cada pueblo, a que han seguido otros en que la peculiaridad nacional sobresalía en cada pueblo. Como ejemplo de lo primero recordemos sólo dos de esos siglos. Uno se halla en la aurora de la historia europea: es el siglo de Carlomagno. En este europeísmo del siglo IX lo de menos era la unidad estatal de casi todo el Occidente. Mucho más expresivo de la efectiva comunidad existente es, por ejemplo, la expansión por casi toda Europa de la bellísima letra llamada "minúscula carolingia", de que procede nuestra escritura actual, y el brote de cultura intelectual que se ha llamado "RENACIMIENTO CAROLINGIO".

Nada más característico de la unidad de vida colectiva en toda el área geográfica de Europa, y por tanto, prueba curiosa de la comunicabilidad doméstica, diríamos familiar, entre todos sus pueblos, entonces en primaria germinación, que el paradójico hecho siguiente. Los pueblos románicos, por haber pertenecido al mundo romano, hablaban, claro está, como lenguaje nativo y vernacular el latín. Pero este latín era el llamado "latín vulgar", que se formó en los siglos avanzados del Imperio y era, salvo mínimas modulaciones, idéntico en Galia y en Dalmacia, en Hispania y en Rumanía. Era un latín plebeyo, simplificado y degenerado. Mas irlandeses y británicos, insuficientemente romanizados, no hablaban el latín como lengua materna. Esto les obligó a aprenderlo y al tener que aprenderlo tuvieron que aprender un buen latín, por lo menos un latín mejor. Y he aquí que Carlomagno al intentar un retorno a la antigua cultura tuvo que llamar de las Islas Británicas a Alcuino y sus compañeros para que enseñasen latín a los pueblos latinos.

Otro siglo de predominio europeo, de lo que llamaremos "europeísmo", está inmediato a la época contemporánea: es el siglo XVIII. Sobre él no hay que decir ni una palabra, porque es de sobra conocido.

Frente a ello encontramos, viceversa, siglos de particularismo en que el fondo común europeo es menos activo y predominante, de suerte que queda como un horizonte cerrado el paisaje de la vida internacional. Así en algún siglo de la Edad media, pero sobre todo en el siglo XVII y en el XIX. No son fechas cualquiera que el azar determinó.

Debiera constar más al hombre medio culto que lo que llamamos estrictamente "naciones" no aparece plenamente en el área histórica hasta fines del siglo XVI y comienzos del XVII. Pero también, viceversa, es preciso subrayar que en torno a 1600 la realidad "naciones" se presenta ya con todos sus atributos, íntegramente constituida. Los pueblos de Occidente habían llegado en su desarrollo a constituirse una vida propia lo suficientemente rica, creadora y característica para que en esa fecha saltase a los ojos de cada uno que era diferente de los demás. Por vez primera entonces, la menos con acusada frecuencia e intensidad, se habla en cada país de "nuestros" capitanes, "nuestros" sabios, "nuestros" poetas. Es la plena conciencia de nacionalidad. Noten como ya en su aparición forma parte de la conciencia de nacionalidad y, por tanto, del ser nación una mirada que en cada pueblo se compara a otros, pero, bien entendido, no a cualesquiera otros, sino precisa y exclusivamente a otros pueblos europeos con los cuales, al mismo tiempo, se siente y sabe en comunidad. Esto nos descubre, de paso, que una nación no puede ser nunca una sola. Al estricto y no vagoroso concepto de nación pertenece ineludiblemente la pluralidad... Ningún pueblo europeo se hubiera reconocido a sí mismo como nación, pongamos, frente a los árabes. La diferenciación consciente de estos hubiera tenido, y en efecto tuvo, otro sentido. Fue la contraposición al Islam y esta se había fundado en la conciencia de pertenecer al Occidente frente al Oriente, donde Occidente significaba entonces, muy principalmente, Cristiandad, pero, a su vez, Cristiandad significaba Europa, era el perfil con que entonces se presentaba al gran sociedad europea.

Nada más representativo y esclarecedor de aquella -diríamos- unitaria dualidad Europa-Nación como el brote, durante estos años del siglo XVII, de las literaturas nacionales como conscientemente nacionales, por tanto diferenciales. Porque, ¡fenómeno curioso!, esta dispersión relativa de la cultura superior europea, hasta entonces unitaria, se produjo precisamente como efecto de un movimiento formalmente unitario y común europeo. El Humanismo. ¡Hasta tal punto ambas dimensiones -la común occidental, la diferenciadora nacional- están trabadas entre sí en permanente reciprocidad e inspirándose la una a la otra! En el siglo XVII, pues, nuestras naciones llegan a ser organismos completos y la conciencia de ello les hace cerrarse -relativamente- las unas frente a las otras. El fenómeno es normal y corresponde a lo que acontece, al formarse plenamente, en los cuerpos orgánicos y que los anatómicos y fisiológicos llaman "obliteración", el encerramiento u oclusión sobre todo del sistema óseo. Así, algún tiempo, a veces algunos años después del nacimiento pierde el niño la fontanela, breve trozo de la cabeza donde los huesos craneanos no están del todo aún saturados.

Este movimiento hacia una conciencia de nacionalidad se anuncia ya claramente desde comienzos del siglo anterior y tiene entonces sus primeras manifestaciones, aún parciales y más bien sólo sintomáticas, en el siglo XVI, es decir, en el siglo en que se ha extendido por toda Europa y en todas partes triunfa la fuerza ultranacional del Humanismo. Cuando Carlos V llegó a España en 1517, para ceñirse su corona, los españoles se sintieron incomodados e irritados porque no sabía aún hablar español. Y viceversa, cuando, sobre cuarenta años después, su hijo Felipe II fue a recibir la soberanía de Flandes enojó a los flamencos que no pudiera hablarles en flamenco.

Este hecho general de que las naciones europeas aparezcan en torno a 1600 plenamente constituidas como tales naciones, comporta, sin embargo, so grandes excepciones y es de principalísima importancia subrayarlas. Una es que el pueblo inglés se sintió nación mucho antes que los continentales. El por qué no tengo ahora tiempo de enunciarlo. Para nuestra presente finalidad basta con traer enérgicamente a la memoria el hecho de que Inglaterra es, como nación, la más vieja de Occidente y a ello se debe su extraña y peculiarísima situación actual y su comportamiento enigmático hoy para muchos. Sólo añadiré que esta anticipación en la conciencia de nacionalidad por parte de los ingleses no es sino un caso particular de algo que no ha sido suficientemente advertido y que podría muy bien considerarse como una ley en la evolución del Occidente: a saber: la normal ley de precedencia del pueblo británico con respecto a los pueblos continentales en casi todas las formas de vida. Salvo en música y en pintura, los ingleses han llegado a todo antes que nosotros. No lo han hecho casi nunca con brillantez, porque para ello sería menester entregarse radicalmente a la nueva inspiración y esto requiere una dosis de generosidad infrecuente en el alma británica.

La otra excepción es Alemania, que tardó mucho más en llegar a una madura conciencia de nacionalidad. Entre 1800 y 1830 los alemanes no sabían aún bien si son una nación ni cómo son una nación.

Ahora bien, estas dos excepciones -la anticipación de Inglaterra y el retraso de Alemania-, en cuanto a su conciencia de nacionalidad son, a mi juicio, la clave de lo que en los próximos años va a acontecer y por ello es tema de tan alto rango conseguir alguna claridad y precisión sobre qué género de realidad es eso que llamamos "naciones".

LA IDEA DE NACIÓN

Porque la cosa no está nada clara, según lo demuestra el hecho de que un hombre como Toynbee, figura tan representativa del actual mundo anglosajón, pretenda sin vacilaciones ni titubeos, en su "Stydy of History" definir la realidad "nación" sencillamente como una combinación de "tribalismo" y democracia, como si no hubieran existido nunca naciones y maciza conciencia de nacionalidad antes de todo democratismo. Con ello pretende degradar y hasta insultar a la idea de nación, mas, por lo mismo, lo que ante todo me irrita de esa emanación de Toynbee no es su desconocimiento de lo que una nación es ni el hecho de que denigre esta realidad, sino que lo haga lanzándole como un denuesto la calificación de tribalismo, como si "tribu" fuese algo repugnante y sólo merecedor de desprecio. Cosa estupefaciente en un hombre nacido en la noble nación que más tribus gobierna y tutela.

Una sociedad -repito una vez más- es la convivencia de hombres bajo la presión de un sistema general de usos. Una cierta porción de estos son usos intelectuales, es decir, "maneras tópicas" de pensar, opiniones vigentes en el cuerpo social que funcionan dentro de los individuos mecánicamente o, lo que es igual, que son "lugares comunes". En el orden mental la realidad social se compone exclusivamente de "lugares comunes". Pues bien, a su vez, una parte de estos lugares comunes consiste en la "opinión" vigente de que los miembros individuales de la sociedad pertenecen a ella, y que esa sociedad tiene una determinada forma a la cual llamamos su "Idea". La tribu es una idea peculiar de sociedad que posee sus precisos atributos, pro lo pronto el de que la colectividad en cuestión procede genealógicamente de ciertos antepasados comunes a todos o a la mayor parte de sus miembros. Antes de la Idea de tribu hubo la idea de horda, como luego ha habido muchas otras Ideas de sociedad. En estas ideas se han constituido las innumerables sociedades que han existido y existen. La tarea más propia de la llamada "morfología social" debiera consistir en catalogar con precisión taxonómica esas diferentes ideas o formas hasta ahora surgidas en el planeta, en vez de ocuparse, como suele, de la faena secundaria que es clasificar las formas de los meros grupos que se forman dentro de cada sociedad. Hasta ahora sólo se han hecho unas pocas definiciones bastante toscas y de aquí procede la vergonzosa falta de claridad en el pensamiento de historiadores y políticos. Toynbee, que pretende en su obra espumar íntegra la historia universal, podía, con evidente beneficio, haber empleado en aclaararse los conceptos de tribu y de nación, definiéndose con rigor sus Ideas, el tiempo que ha empleado en citar a troche y moche versos de Horacio y Virgilio y Lucrecia y Juvenal, cuya presencia, en el megaterio tipogrñafico que es su libro, resulte sobremanera inoperante.

A estas horas la cuestión no tiene ya nada de académica, sino que es de suma y urgente gravedad. Porque las naciones europeas han llegado a un instante, en que sólo pueden salvarse si logran superarse a sí mismas como naciones, es decir, si se consigue hacer en ellas vigente la opinión de que la nacionalidad "como forma más perfecta de vida colectiva" es un anacronismo, que carece de fertilidad hacia el futuro, y es, en suma, históricamente imposible. Hace más de veinte años, con motivos y con precisiones muy distintos de los sempiternos "desiderata" utópicos e inconcretos que llevaban a soñar con la unidad estatal de Europa, gritaba yo ¡alerta! A las minorías políticas dirigentes para que se hiciesen bien cargo de que si no se comenzaba inmediatamente una labor enérgica desde todos nuestros países, para proceder paso a paso, con calma y previo un análisis perspicaz y completo de los problemas positivos y negativos que ello trae consigo, a articular las naciones europeas en una unidad política supra o ultranacional (que es lo contrario de toda internacionalidad), las veríamos pasar rápidamente de vivir en forma y mandar en el mundo a arrastrarse envilecidas. El envilecimiento está ahí ya; los políticos no hicieron nada para evitarlo. Y es que desde 1850, por un mecanismo inexorable adscrito a la democracia -aunque, en verdad no le es congénito-, la fauna de los políticos europeos ha ido degenerando sin pausa, generación tras generación, como se podría demostrar "ex abundantia" con gran facilidad. Cada día fueron menos auténticos gobernantes, es decir, dirigentes responsables y previsores de los pueblos. Fueron progresivamente dirigidos por las masas hasta convertirse estos últimos años en simples exponentes de sus momentáneos apetitos. Refiriéndome al enorme y craso error, oriundo lisa y llanamente de la más elemental ignorancia en quienes lo cometieron, que fue la creación, tras la primera guerra mundial, de la "soi-disant" "Sociedad de Naciones", escribía yo en 1937: "El "espíritu" que impulsó hacia aquella creación, el sistema de ideas filosóficas, históricas, sociológicas y jurídicas de que emanaron su proyecto y su figura estaba ya históricamente muerto, en aquella fecha pertenecía al pasado y, lejos de anticipar el futuro, era ya arcaico. Y no se diga que es cosa fácil proclamar esto ahora. Hubo hombres en Europa que ya entonces denunciaron su inevitable fracaso. Una vez más aconteció lo que es casi normal en la historia, a saber: que fue predicha. Pero una vez más también los políticos no hicieron caso de esos hombres. Eludo precisar a qué gremio pertenecían los profetas. Baste decir que en la fauna humana representan la especie más opuesta al político. Siempre será este quien deba gobernar, y no el profeta; pero importa mucho a los destinos humanos que el político oiga siempre lo que el profeta grita o insinúa. Todas las grandes épocas de la historia han nacido de la sutil colaboración entre esos dos tipos de hombre. Y tal vez una de las causas profundas del actual desconcierto sea que desde hace dos generaciones los políticos se han declarado independientes y han cancelado esa colaboración. Merced a ello se ha producido el vergonzoso fenómeno de que, a estas alturas de la historia y de la civilización, navegue el mundo más a la deriva que nunca, entregado a una ciega mecánica. Cada vez es menos posible una sana política sin larga anticipación histórica, sin profecía. Acaso las catástrofes presentes abran de nuevo los ojos a los políticos para el hecho evidente de que hay hombres, los cuales, por los temas en que habitualmente se ocupan o por poseer almas sensibles, como finos registradores sísmicos reciben antes que los demás la visita del porvenir" ("Epílogo para ingleses", de "La rebelión de las masas".)

"Nihil decet invita Minerva". Nada estará bien si no se cuenta con la inteligencia, decía un decir que, según Cicerón, era ya muy viejo en su tiempo (De Oficiis, I, XXXI). Y lo aclara añadiendo: "id est, adversante et repugnante natura": "Esto es, porque de otro modo lo que se haga se opondrá y repugnará a la naturaleza de las cosas." Durante treinta años se ha pretendido no contar con los intelectuales, pero pese a la hostilidad contra ellos no hay modo de anular el hecho cósmico de que el intelectual es el único hombre "que deja las cosas ser", y merced a esta su condición es el único que se entera un poco de lo que son. Toda política es una obra de adivinación a base de la presencia, desnuda como una estrella, del presente y del pasado. Repito con Goethe en el "Diwan":

(Quien de tres milenios
no sepa darse cuenta,
permanecerá en lo oscuro, inexperto,
y viva siempre al día.)

Mas en política "vivir al día" es casi inevitablemente morir al atardecer, como las moscas efímeras.

A veces se sentiría uno inclinado a volver a Augusto Comte, quien con genial insistencia reclamaba nueva separación de poderes -el temporal y el espiritual-. La misión de los emperadores es imperar, mandar: la de los intelectuales es definir. Por eso nos ha sido forzoso soportar estos años que hombres tan primarios colocados por la Fortuna, que es la musa del político, al frente de grandes pueblos, se permitiesen adoctrinarnos sobre todas las cosas en apotegmas que eran una extraña fusión del teorema y el "ukase".

Esta torpeza e irresponsabilidad de los políticos ha traído a Europa a esta hora de envilecimiento, en que se siente probable Atlántida, porque le parece irse sumergiendo en el fluido elemento que es la historia. Gracias a su inagotada y acaso inagotable riqueza interior, aun bajo la piel de ese su envilecimiento, prepara subterráneamente las bases de una nueva cultura, como al comienzo insinué, pero la superficie, lo visible en las colectividades como en la mayor parte de las almas individuales es, en efecto, miserable.

Todo esto va a cuenta de que Toynbee se arroje a definir galanamente y sin más el espíritu de la nacionalidad como una mixtura de tribalismo y democracia.

LA IDEA DE POLIS

Qué sea una nación no es cosa que pueda decretarse en pocas palabras. "La idea de nacionalidad -dice Eduard Meyer- es el más sutil y complicado producto que la evolución histórica puede engendrar" (1910). Ensayemos aproximarnos a su comprensión mediante un choque mental, comparándola con la idea de "Polis" o "Urbs", de la ciudad grecoitálica. Es esta una Idea incalculablemente menos abstracta y a la vez menos rica, con menos contenido que la de Nación, tanto que el griego y el romano no lograron nunca llegar ni siquiera a imaginar esta. Una sociedad, es decir, una unidad de convivencia humana sólo les era inteligible si era efectiva a los ojos y no "mera manera de decir" =abstracción. Era preciso que todos los convivientes conviviesen en efecto, que existiesen individualmente el uno para el otro. Esto era ser, de verdad, conciudadanos. Por lo menos era menester que se tuviese noticia clara de la familia a que se pertenecía. Asñí se comprende el modo de apedillarse: "Platón, hijo de Aristón" Ese modo de llamarse, adecuado en una tribu o en un "génos", hubiera debido desaparecer en una ciudad. Pero, a la vez, manifiesta que si en la "sociedad" el número de "socios" desborda la capacidad intuitiva, la mente griega zozobra en el océano de lo in-finito, de lo vago e informe. La ciudad tiene pues, a priori su límite cuantitativo y espacial. Para Aristóteles, "un navío de un palmo no es un navío ni tampoco lo es un navio de dos estadios de largo" "Est modus in rebus" El modo es módulo y el módulo de la ciudad son 10.000 adultos.

Puesto que es esencial a la Pólis la visibilidad de sus componentes, es decir, que su contingente social se patente, manifiesto, podemos caracterizarla, bajo este ángulo, como una sociedad constituida en plena superficie. Frente a ella, la Nación es siempre y desde luego populosa, multitudinaria y, por lo mismo, su forma social se caracteriza por ser esencialmente profunda, quiero decir que la mayor porción de su realidad y, por tanto, de sus componentes es recóndita y latente -se entiende, como todo lo que ahora decimos, que lo es para los miembros de la Nación-. Saben estos que lo que en cada momento ven de su colectividad y que es su paladina superficie, oculta sobre todo el resto. A esto llamo una sociedad constituida en profundidad. La cosa no es baladí. La Idea de Nación, a diferencia de la de otras sociedades, lleva consigo una fe en la potencialidad del cuerpo colectivo que hace a sus miembros esperar de él grandes cosas. Pero la fe en esas posibilidades no se nutre de lo que en la nación está a la vista, sino de presuntas riquezas escondidas en los invisibles senos nacionales. Cuando Cavour dijo: "L'Italia fará da sè", firmaba un cheque sobre la arcana profundidad de su país. Cada nacional percibe su nación como un mágico cuerno de la abundancia del cual van a brotar maravillas en algún tiempo por venir. Ya en este primer rasgo de la nacionalidad nos aparece ésta acusando extraordinariamente su dimensión de futuro, cosa que no acontece con la Pólis, cuyo futurismo apenas se destaca y está como atrofiado. La polis vive en un perpetuo presente.

Esta "superficilidad" social de la Pólis no es accidental: tiene su fundamento en su origen mismo. La Nación tiene su origen vegetativo, espontáneo y como sonámbulo: se engendra por proliferación, como una polípera, más acrecencias aluviales, como las conquistas o las anexiones por causas dinásticas, que sólo se incorporan con efectividad social al núcleo inicial después de largo tiempo y también, por tanto, en forma de injerto vegetativo, de paulatina e indeliberada homogeneización. La Pólis, en cambio, surge de una deliberada voluntad para un fin. Tiene el carácter formal de "instrumento para…". Su origen, pues es un "télos". Este informa, anima y es la Pólis, y como todo lo que es "télos" lleva en sí, viva y operante, la aspiración a la "teleíosis" -a la perfección-. Pero esta perfección no es sentida como la esperanza de un desarrollo futuro, sino como una calidad presente. El ganadero espera que mediante su técnica eugenética, al cabo de tantas o cuantas generaciones, el tipo de animal deseado se produzca en su grey: pero el ingeniero se propone obtener desde luego la perfección de su aparato, es decir, su óptima eficacia. Por tanto, en el origen mismo de la Pólis actúa ya el impulso, que es un imperativo claro y consciente, hacia la creación de una forma de convivencia humana que sea "mejor", que sea "la mejor". El punto de partida de la "República" de Platón -la búsqueda de un ideal de sociedad- no es utópico ni especialmente platónico; es la idea misma de ciudad, de Estado, de sociedad que, como lo más evidente del mundo, llevaba dentro de si todo hombre griego.

De aquí que el proceso genético de la Pólis sea inverso del que lleva y tiene que llevar una Nación. La sociedad Pólis comienza ya como Estado, como lúcida y voluntaria organización política, jurídica, administrativa y bélica, al paso que la Nación sólo llega a ser Estado en su fase de plena maduración. Hay que tomar al pie de la letra el nombre de "ciudadano" -"plities" "político", "civis"- que se da a sí mismo el individuo griego o romano. Con su habitual rigor de concepto y su gran talento para acuñar denominaciones -

el talento de Adán consistió en poner nombre a las cosas- nos hace ver Burckhardt cómo la Pólis es el ensayo de hacer consistir la sociedad en un "umbedigtes Bürgertum", en una, digamos, radical con-ciudadanía y al hombre como tal en puro ciudadano. De aquí la manía o prurito "constitucionalista" de los griegos que les hizo pasar toda su historia, desde la aparición de la Ciudad, discutiendo sobre las formas de gobierno, unas veces con las lenguas y otras veces con las espadas. La Ciudad, como digo, es primero, ante todo y más básicamente que otra cosa Estado, mientras que en la Nación es este sólo la punta afilada de la ancha pirámide que forman sus demás atributos. Lo cual trae consigo que muchas naciones no hayan llegado nunca a ser Estados y se hayan quedado en estadios de su evolución previos al último que las hacía "soberanas".

El nombre "nación" es sobremanera feliz porque insinúa desde luego que ella es algo previo a toda voluntad constituyente de sus miembros. Está ahí antes e independientemente de nosotros, sus individuos. Es algo en que nacemos, no es algo que fundamos. La historia de la Polis comienza con una -real o legendaria "ktisis", fundación. Mas la Nación la tenemos a nuestra espalda, es una "vis e tergo" y no sólo una figura a la vista, delante de nuestra mente, como era para el ciudadano la Polis. La nacionalidad hace de nosotros compatriotas y no primariamente con-ciudadanos. No consiste en nuestras voluntades, no vive de ellas, sino, irremediablemente, existe por que sí -como una realidad natural-. Es en este sentido un fenómeno menos puramente humano que la Polis si consideramos como lo más humano al comportamiento lúcidamente consciente. Claro que, por lo mismo, es más real, más firme, menos contingente y aleatorio. Todo lo que es plenamente consciente es -ni qué decir tiene- más claro, más perspicuo y traslúcido que lo inconsciente, pero, a la vez, más etéreo y expuesto a súbita volatización. Viceversa, la Nación no es nosotros, sino que nosotros somos Nación. No la hacemos, ella nos hace, nos constituye, nos da nuestra radical sustancia.

Esto motiva que normalmente el individuo no se preocupa por su Nación. Le parece que ya esta es y seguirá siendo, por sí, sin necesidad de nuestra particular colaboración. De aquí que la forma de preocupación de la Nación, que es el "nacionalismo", aun en su forma más ineludible, mesurada y, dijéramos, natural, es, sin embargo, algo sobreañadido y artificioso, no espontáneo, constitutivo y primario, como lo era el "civismo" o "politismo" para el griego o latino, es decir, permanente preocupación y ocupación con su Ciudad. En una Nación sería absurdo que todos o la mayor parte de sus miembros fuesen políticos, pero el caso es que los atenienses o los espartanos lo eran normalmente todos, y aún en época tan avanzada como los años 40 a. de C. tendrá Cicerón que excusarse, como de algo ilícito, por haberse retirado unas semanas del Foro romano y vacar en su campo de Músculo a manuscribir filosofía.

Pero todo esto tiene su reverso. Al ser el ateniense primordialmente ciudadano, político, quiere decirse que era, como realidad humana, menos especialmente ateniense que es ingles el ingles o español el español. Por debajo de su ciudadanía, de su politismo que funcionaba en el plano consciente y, por lo mismo, superficial de su ser, el ateniense era en verdad, jónico y, más aun griego. Porque Grecia, la Hélade, era también más allá de la corteza visible formada por sus innumerables Póleis, algo así como una vaga nación que se ignoraba a sí misma. Esta permanencia subálvea que todo griego sintió siempre (es decir, aun anterior a todas nuestras noticias concretas sobre la vida griega, pero que las más antiguas nos obligan a corregir) a una comunidad más amplia, aunque más tenue que su Pólis, no ha sido nunca definida por los historiadores ni por los filósofos y no vamos, claro está, a intentarlo ahora. Se trata en rigor, de una Idea de sociedad distinta de la de la tribu e incluso de la de "pueblo" -como jonios, eolios, dorios-, por un lado, y de la estrictamente nacional, por otro; forma de socializad para la cual no existe aún el término sociológico. La aserción que se arrastra inercialmente de libro en libro desde que Vico la formuló con gracia, y según la cual Homero habría creado esta conciencia unitaria de los helenos, es una inepcia, porque Homero supone precisamente que la convivencia ya socializada de los griegos -no importa ahora en que preciso grado- preexistía a él: ha hecho muy bien, recientemente, Schadewaldt en mostrarnos a un hombre llamado Homero que hacia 759 a. de C. viaja lo más naturalmente del mundo, como por su casa, por toda la Hélade, y concienzudo, como son ustedes los alemanes, se ha convertido en Agencia Cook y ha precisado los días y los medios de transporte que el poeta pudo emplear en sus múltiples viajes. De esta "Guía del viajero" por el mar Egeo resulta que esos viajes eran sumamente breves y fáciles. Es lo más probable que Homero recitase la cantinela prosódica de sus exámetros en la fiesta panhelénica de Olimpia, donde los coros de doncellas entonaban canciones que repetían los distintos dialectos griegos. La convivencia social que se unifica merced a y en los poetas personales representa un estado de relativa madurez en el proceso formativo de una nación o paranación. Lo que si es cierto y normal es que esta "paranacionalidad" helénica que constituía la materia humana de que estaba hecho todo hombre griego sólo alcanza formal expresión cerca de dos siglos después de Homero y Hesiodo. Tales, el gran anticipador, tal vez un fenicio -hay cosas que las ve mejor un extranjero- propone ya la unificación política de Grecia. Era una utopía, muy de matemático, astrónomo, ingeniero y comerciante, es decir, de una mentalidad sin sentido histórico. Utopía siguió siendo y nunca pasó de serlo, pero en cada generación desde entonces se densifica esta socialización helénica merced a los comunes festivales religiosos, a los certámenes deportivos y sobre todo con el choque con el grande "Otro", con Persia. En fin, desde el siglo V la noción de una efectiva unidad helénica aparece formulada hacia 445 a. de C. por Herodoto, que la pone en boca de los atenienses poco después de la batalla de Salamina (480 a. de C.). Se comprende que fuera un hombre cuya infancia respira el fragor de la guerra con los persas, quien sintiese tan vivamente la unidad social de los griegos. La verdad es que fue el momento culminante de la sociedad Grecia. A él sigue la época de gran disensión entre las ciudades griegas incitada por la emulación, discordia y lucha feroz entre Atenas y Esparta a que adhieren las demás Póleis. Pronto veremos que un retroceso semejante se ha producido durante los últimos cien años en la socialización europea. No obstante, en el siglo IV los pensadores, como Isócrates, volverán a hablar, con formal carácter de programa político, de una unificación estatal de Grecia fundamentada en una comunidad, existente ya entre los griegos, que no reside simplemente en los atributos de Herodoto, sino en que los griegos poseen algo común que no tienen otros pueblos. Esta comunidad exclusiva de los helenos se les presenta bajo los caracteres de un cierto tipo de ocupaciones peculiares, de instituciones, de usos ejemplares: el arte, la retórica, la filosofía, la música, la gimnástica, la técnica guerrera, los cultos religiosos superiores, como el de Delfos; en suma, la "cultura", la "paideia". Esta significaba un deliberado cultivo y refinamiento en el modo de ser hombre. La "cultura" es lo que el hombre añade a su "natura". "El nombre de los griegos no significa ya unidad de sangre ("genos"), sino de calidad intelectual, de suerte que hoy se llaman griegos más bien los que participan de nuestra cultura que los provenientes de un común origen, afirma Isócrates. Esta idea en que efectivamente estaban muchos griegos hacia 394 -que es la fecha aproximada del "gran artículo editorial" en que Isócrates da el "do" de pecho de la retórica- merece ser valorada con alguna precisión. En primer lugar -nótese- manifiesta escasa fe e interés por la comunidad fundada en algo bastante reciente, en una "cultura" que ha sido elaborada durante el siglo anterior y ha madurado en el presente. Una vez más sorprendemos la peculiar actitud helénica ante el tiempo, que es una extraña preferencia y atención al presente. En segundo lugar, esa famosa "cultura" -para Isócrates, según muestran los párrafos precedentes a la frase citada, significa sobre todo "el arte de hablar bien", la divina Retórica- sólo interesaba a ciertas minorías, todo lo relativamente numerosas que se quiera, pero que no eran el pueblo griego, las ciudades griegas, sino exclusivamente sus intelectuales activos y pasivos. Ahora bien, ni siquiera en Grecia han podido los intelectuales representar su colectividad en cuatro fuerzas históricas decisivas. La intelectualidad es dondequiera mero poder excéntrico, excepcional y sólo oblicuamente factor de la efectiva historia. Era, pues, utópico querer que los millones de helenos repartidos en diversísimas comarcas y en colectividades políticas con muy diverso grado de "aculturación" sintieran aquella telaraña maravillosa de la Retórica y, en general, de las ciencias y las artes como un motivo o causa suficiente de unidad social. Para ellos, incluso para los ciudadanos de Atenas -no hablemos de la periferia "cultural" helénica- esa "cultura" de que oían hablar no significaba más que una gracia nueva y bastante problemática de la tenue convivencia helénica; digamos, pues, una gloria más, pero incomparablemente menos sólida e intensa que Maratón y Salamina y el Olimpo de los Dioses, las victorias en los juegos, en los panegíricos olímpico, pítico, ístmico y nemeo, y las tradicionales instituciones ágora, gimnasio y ejército, que, sin embargo, no habían sido nunca suficientes para unir a los griegos en aquella especie de sociedad que nosotros llamamos "Nación".

Desde hace siglo y medio, como consecuencia de tres siglos de humanismo, los historiadores tienden a colocar los grupos intelectuales y artísticos demasiado en primer plano, lo que falsea la verdadera perspectiva de las fuerzas históricas. Solo los mayores historiadores -como, por ejemplo, Hegel, Mommsen, Eduard Meyer- no caen en este error de óptica. Los demás y principalmente los alemanes, intelectualizan, liberalizan y artistizan arbitrariamente la historia. Yo no digo, sin más que los intelectuales seamos "la mouche du coche" de la historia, pero si que, aun en las épocas de su mayor influencia, ha sido esta, mucho menor en cuanto influencia presente y directa de lo que se ha imaginado después. Así, frente al dogma, que muy pronto quedó establecido según el cual habrían sido los philosophes quienes causaron la Revolución francesa, el historiador Johannes von Müller escribía a d'Antraigues, un emigrado frenético sustentador de aquella idea: "Croyez-moi, je ne dis pas que ces mouches sur le timon de la voiture, qu'on appelait les Meaux sprit de Paris, n'aient terriblement bourdonné mais ce n'est pas eux qui ont renversé la voiture:

le conducteur était endomí! (Baldensperger: Le mouvement des idées dans l'emigration, vol II, p. 48).

La verdadera influencia histórica de los intelectuales es siempre distante de ellos y, estrictamente hablando, no es de ellos sino de sus ideas. Pero las ideas de los intelectuales necesitan mucho tiempo para convertirse en "fuerza histórica", pues para ello tienen que llegar de ser propiamente "ideas" y convertirse en "lugares comunes" en uso, en "opinión pública". Es una de las causas que hacen al "tempo" en que la historia marcha, lento, tardígrado.

Las historias de Grecia hasta ahora escritas y, en general, los filólogos no han acertado todavía a situar a los filósofos, poetas y retóricos de Grecia en el lugar que les corresponde dentro del sistema dinámico de la vida griega. Cuando Wilamowitz-Moellendorf nos revela que su suegro Mommsen les proponía escribir la historia de Grecia al hilo de la historia de su filosofía, como él mismo había construido la historia romana al hilo de la historia de su derecho, nos quedamos de una pieza al averiguar que aquel genio de la historia era capaz de caer en semejante extravío. Por lo visto pagaba así tributo al vicio alemán de escamotear la historia transmutándola en mera "Ideengeschichte", es decir, de dinámica en abstracta cinemática.

Digo todo esto a propósito del valor efectivo que debe atribuirse al programa de unidad en la "cultura" enunciado por Isócrates. Por supuesto, él mismo, en los últimos párrafos del propio "Panegírico" (IV, 187-88), dirá, como desolado, que no dirve de nada lo dicho por él si no toman el asunto en sus manos "los hombres de acción" y "se persuaden los unos a los otros" de su conveniencia.)

Nos interesa aquí perescrutar los motivos que impidieron a los griegos ser nunca una Nación. Porque no se trata sólo de que la "nacionalidad" griega se quedase detenida en estadios inmaturos de su formación, sino que, de verdad, no existió nunca. Esto es lo que nos interesa ahora, porque nos prepara para admitir que probablemente no ha existido nunca la sociedad Nación más que en Europa, y ello nos obliga a circunscribir bien la Idea de ésta evitando que todos los gatos sociológicos resulten pardos por falta de luz.

Subrayemos, sin embargo, la dosis de simililaridad en la estructura social del hombre griego y del hombre europeo, según lo que más arriba he dicho de este. También la socializad del individuo helénico tiene dos estratos o dimensiones. Por una de esas es "polites", ciudadano de su ciudad, como el europeo de su nación. Por debajo de ésta corre, como un flujo subterráneo, su conciencia de comunidad con todos los griegos, como los europeos se han sentido siempre de alguna manera pertenecientes a Europa. Pero esta semejanza es de un abstracto formalismo que nos sirve sólo para obligarnos, si somos pensadores de casta, a precisar con todo rigor la radical diferencia entre ambas estructuras.

LA DUALIDAD DEL HOMBRE GRIEGO

El ateniense, por ejemplo, se siente ateniense y además helenogriego, como el alemán se siente alemán y además se sabe europeo. Importa mucho para nuestro propósito -que es aclarar la Idea de Nación- que contrapongamos una a otra estada dos parejas de conceptos. Nación y Europa de un lado. Ciudad y Hélade-Grecia de otro. Veremos como se trata de realidades sustancialmente diferentes. Tengan un poco de paciencia; vamos despacio, porque quisiera que hiciésemos las cosas "concienzudamente". Tenemos que conquistar la idea de Nación como los hebreos Jericó, dando vueltas en derredor de sus muros, vueltas cada vez más apretadas y, claro está, de vez en cuando haciendo sonar las trompetas. Séneca decía: "Si alguien después de correr todo el día llega a fin de la tarde, ya es bastante."

En primer lugar los términos de esa dualidad social son heterogéneos en uno y otro caso. En nosotros se trata de la pareja Nación y Europa, la cual no es una nación. Qué otra cosa sea, intentaré sugerirlo más delante. Mas en griego los dos términos son: Ciudad y Hélade. Pero en este caso lo que se pretende llamar nación no es la Ciudad sino precisamente el gran mundo social que forman todos los griegos. Ya a "limine" aparece pues, la completa ausencia de paridad.

Grecia, Hélade, posee en efecto, algunos atributos de los que integran la Idea de Nación: se entienden aproximadamente al hablar, adoran algunos dioses comunes y los particulares suelen ser entre sí homogéneos, tienen conciencia de un vago origen común, etc. Al emplear ahora ya expresiones atenuadas para esos principios de unidad social vividos por todos los griegos, no pretendo hacer trampa y facilitarme la tarea, sino que creo ser esa y no otra la intensidad, la moderada intensidad de esos principios. Mas para mi interpretación sería preferible suponer lo contrario: que hablaban todos una lengua prácticamente idéntica, que creían en la misma religión que su tradición genealógica era firme, precisa y unitaria. Esto nos permitiría, sin reservas ni atenuaciones, afirmar que los griegos vivían, bajo los bloques dispersos de sus innumerables ciudades, cierta precisa y enérgica unidad. Pero esta unidad de lengua, religión y tradición genealógica es, como fuerza socializadora (creadora de sociedad) una "vis a tergo" y nada más. Ahora bien, lo característico de una ciudad "a tergo" es que se está en ella como algo que va de suyo -lo mismo que hablaba en prosa el burgués gentilhombre-. Así a los griegos no les era cuestión su helenismo, quiero decir, no pretendían, querían o se ocupaban en serlo, no determinaba sus intenciones y proyectos y ni siquiera moderaba lo más mínimo la lucha feroz y permanente entre sus ciudades, salvo en el caso extremo de una amenaza presente de los persas. Aun en este caso, notorias son las vacilaciones de unas y otras ciudades para sumarse a la cruzada contra el asiático y las traiciones frecuentes a la unidad helénica.

Se trata, pues, de la gran diferencia entre lo que el hombre es a su espalda y lo que es hacia delante de sí, lo que es como tradición y lo que es como empresa. Est último consiste en todo aquello que tiene a la vista porque le es problema y proyecto, lo que le preocupa y le ocupa, lo que desea y moviliza sus energías, en suma lo que quiere ser y siente que "tiene que ser". Si para entendernos usamos como instrumento ocasional la distinción aristotélica entre "materia" y "forma", yo diría que eso que queremos ser o sentimos tener que ser, eso que nos mueve a hacer y padecer -por tanto, nuestro ser hacia delante y a la vista- es la "forma", la cual informa efectivamente nuestra vida aprovechando lo que le conviene, como "materia", de cuanto somos "a tergo". En este sentido no ofrece duda que la "forma" del hombre griego fue su ciudadanía, su ser-ateniense, ser-espartano, ser-tebano, y en cambio su conciencia de pertenecer al mundo helénico tenía meramente un carácter de habitualidad inercial.

Nos conviene, para dar mayor diafanidad a lo que sigue, formalizar esto e3n dos términos, diciendo: el hombre, como persona, o como colectividad, es siempre una ecuación entre su ser inercial -receptivo, tradicional- y su ser ágil - emprendedor, afrontador de problemas.

Pues bien, la vida ágil del griego se reducía a su ciudad. Era, pues -en este modo de la agilidad-, sólo ateniense o sólo espartano o sólo corintio. Su helenía quedaba a la espalda, inercialmente. Pero lo decisivo está en que una y otra cosa -su ciudadanía y su helenismo "a tergo"- no tenían nada que ver entre sí. Lo que con esto quiero decir resulta claro contraponiéndolo a nuestro modo occidental de vivir la nación.

NACIÓN Y NACIONES

También el inglés, el francés o el español -dejemos por un instante fuera de la consideración al alemán- son "a tergo" o inercial, tradicionalmente y como cosa que va de suyo y en que se está, se flota, se respira: inglés, francés o español. La nación le es -en este modo inercial- su lengua materna, su tradición religiosa y heroica, sus costumbres inveteradas, su modo peculiar de pensar, sentir y gozar. Pero lo característico de la Idea de Nación estriba en que todas esas formas de vida inerciales fueron desarrollándose y enriqueciéndose hasta constituir un modo integral de ser hombre. Ser inglés, francés o español, quiere decir ser íntegramente hombre en el modo inglés, francés o español. Este modo afecta todas las dimensiones de lo humano -religión, poesía, arte, economía, política, amor, dolor, placer-, las penetra, impregna y modifica. Ahora bien, como frente a esos modos particulares de ser hombre no hay un hombre absoluto, un hombre sin modo, cada europeo llegó a sentir que su modo "nacional" de la humanidad no era sólo un arrastre inercial del pasado, sino algo que debía ser en el futuro, que merecía ser. La "vis a tergo" de la tradicionalidad se tornó, a la vez, en ejemplaridad, por tanto en "vis protectiva", en fuerza creadora de futuro, en ideal de vida hacia el porvenir. El inglés primero, luego el español y el francés descubrieron que no solo se encontraban -sin saber cómo ni por qué- siendo inglés, francés y español, sino que eso era lo mejor que se podía ser. Prueba la realidad de ese sentir precisamente el diverso grado de radicalismo con que cada uno de ellos lo ha sentido o lo ha manifestado. Y no solo el diverso grado, sino también el diferente estilo con que dentro de sí y fuera de si lo ha vivido. El inglés representa el caso extremo. Durante siglos ha creído con fe compacta, inquebrantable, de carbonero, que ser ingles era lo único que merecía la pena, humanamente, de ser en el mundo de los "hombres". Como "folie" admitiría una excepción, mas por decirlo así, en la quinta dimensión, de un ideal pretérito que no daba lugar a efectiva competencia o rivalidad, a saber: los griegos de Pericles. Salvo esto, el inglés "snobizaba" todas las demás castas del planeta, las despreciaba a rajatabla. Hombre actual era solo propiamente el inglés -los demás eran degeneraciones o enquistamientos fetales del ente Hombre-. Este desdén radical y macizo hacia sus hermanos de especie zoológica dejó en franquía la facultad de amar que todo ser humano posee, aunque tal vez el inglés, en menos dosis que los demás, y le permitió dedicar su enternecimiento al resto de la naturaleza, sobre todo a los animales. El cariño, con frecuencia amanerado del inglés hacia las animáculas está hecho con el que a ahorrado en el trato con los demás hombres. A finales del siglo XVIII, pero sobre todo en los albores del XIX, comenzó el inglés a sentir cierta inquietud de conciencia por ese talante respecto a los otros pueblos y vino consigo mismo a un curioso acuerdo compensatorio del más estupendo estilo inglés; estilo que le permite cohonestar dentro de sí sus vicios, defectos y manías con los más severos e "idealistas" principios de la moral y la corrección. En efecto, se le ocurrió que podía ser feliz una vez más realizando, nuevamente, un compromiso... pensó que, dado su desdén hacia los demás tipos humanos y su amor a los animales, si se encontraba un hombre que fuese lo más próximo posible al animal podría dedicarle su enternecimiento. Buscándole, se encontró con el negro.

Podríamos fácilmente sugerir, en forma parecida, cómo han vivido la conciencia de pertenecer a su nación el francés y el español, para limitarnos a estos tres casos en que la realidad Nación se ha dado con más intensidad y prontitud. El tema sería divertido, pero llevamos prisa. En cambio, lo dicho, entre bromas y veras, del inglés nos descubre que si la idea de Nación contiene como uno de sus ingredientes esenciales -en verdad, el primordial- la creencia de que se pertenece a una sociedad la cual ha creado un modo integral de ser hombre y que este modo, sea en absoluto, sea por ciertas razones parciales y relativas, es el mejor, quiere decirse que toda conciencia de nacionalidad supone otras nacionalidades en torno que se han ido formando a la par que la propia y con las que convive en forma de permanente comparación. Por este motivo dije antes que la Nación no puede nunca ser una sola, sino que su concepto implica una pluralidad de ellas. Ciertamente que las naciones europeas han cruzado innumerables veces sus espadas, pero mucho más importante es que sus "almas colectivas", siglo tras siglo, se han ido afilando como espadas, las unas en las otras, que han coexistido en constante emulación, en perpetuo certamen agonal que les hacía "entrenarse" y perfeccionarse. La emulación continuada lleva a la frecuente mofa recíproca. Frente a nuestro modo de ser hombre, el de otro país nos parece en muchas cosas ridículo: "jede Nation sppotet ubre die Andere und alle haben Rect.", dice Schopenhauer.

Nada parejo hubiera acontecido si la Nación consistiese sólo, como el jonismo o el dorismo o como el helenismo, en mera tradición e inercialidad. Como dije, no tenía sentido alguno para un griego de Atenas que se le propusiese ocuparse en ser jónico, como no tiene sentido que se nos invite a respirar. Por eso Jonia o Dórida o Hélade no es una Nación. ¿Cómo llamaríamos entonces a estas formas de convivencia que tienen de nación sólo el dorso, el común ser a la espalda? No existe término, a la vez, recibido y adecuado. Los alemanes las llamarían "Stämme" o "Völkerschaften". En efecto, la forma social de aquellas es la misma que posee lo que llamamos Schwaben, Franjen, Alemannen, Niedersachsen, Türingen. No creo que ningún Schawabe gaste una parte de sus energías, de su agilidad, esto es se ponga a ser Schwabe como se pone a jugar al foot-ball o a dirigir una fábrica de pianos en Stuttgart, ya que, sin necesidad de emplearlas, se encuentra siéndolo. Este tipo de sociedad que consiste en ser ya lo que es -que no tiene una dimensión hacia el futuro, por tanto, en perpetuo "fieri" y por lo mismo esencialmente problemática-, esta pura inercialidad social es lo más contrario que cabe a la Nación. A mi juicio debía para ello usarse como término estricto sociológico el vocablo "pueblo". En otro tiempo, aprovechando una palabra latina, se les llamaba "naciones". Así en Francia se hablaba de las "cuatro naciones" -franceses, picardos, normandos e ingleses- Esta lista nos muestra que en el siglo XIII ninguna "nación" era todavía lo que hoy entendemos cuando decimos Nación y además que algunas de aquellas no llegaron a serlo nunca. Picardos y normandos se quedaron en la misma figura de sociedad que Schwaben o Thüringer.

Aquí tenemos que rizar el rizo iniciado cuando oponía yo la Idea de Ciudad a la de Nación diciendo que la Ciudad la hacen los individuos pero que en la Nación se nace. Ahora no hay peligro si ponemos este complejo carácter en su punto. Sin duda, se nace en la Nación y los individuos no la hacen un buen día, pero el caso es que, por otro lado, no hay Nación si además de nacer en ella no se preocupan de ella y la van, día por día, haciendo y perhaciendo. Claro que esta intervención de los individuos en la creación continua de su Nación comienza solo en un cierto estadio de su desarrollo, precisamente cuando deja de ser "pueblo". Aquella intervención es siempre sólo uno de los factores que hacen la Nación. Junto a ella están todos los otros factores irracionales de la historia, los azares de toda índole, invasiones, guerras de conquista, enlaces dinásticos, etc. Por ello, en última instancia, deberíamos decir que la Ciudad la hacen los individuos -por eso es tan pobre su contenido-, pero que la Nación la hace la historia, por eso es de tanta suculencia. La historia, como realidad, es el precipitado que resulta de los enfrontes entre el Hombre, la Tradición y el Azar.

NACIÓN ES EMPRESA Y TRADICIÓN

Preguntémonos ahora -ya que vamos rozando a la carrera los grandes temas que suscita el problema "Nación"-

cuál es la condición primaria, "sine qua non", que hace posible el engendro de esta compleja y sutil forma de sociedad, condición por faltar la cual no pudieron jonios ni dorios ni helenos crear nada parecido. Evidentemente, esa condición no puede estar en el momento tradicional y "a tergo" que es idéntico en la nación y en el pueblo. Hemos de buscarla en la diferente relación que en uno y otro caso tiene este momento con el otro momento, el de agilidad, el de proyecto vital. La diferencia consistía en que la creación de la Ciudad, como tal, no tiene nada que ver con la tradición "popular". La Ciudad es un artefacto jurídico y nada más. Todo lo otro que en ella hay, desde la religión hasta el comercio, preexistía en el "pueblo" y de sus arcanos continúa manando en el subsuelo de la Ciudad. No se me diga que los dioses griegos son formalmente dioses de la Ciudad. La verdad es que la Ciudad no los inventa ni descubre. Estaban ahí, en el "alma del pueblo", antes de que la Ciudad fuese fundada. Lo que pasa es que para que el griego como para los romanos, la Ciudad es una colectividad de hombres y dioses. La creación jurídica que es la Ciudad hace que los individuos "politai" (ciudadanos) hace también "politai" a los dioses. Les proporciona un estatuto jurídico y les hace miembros supernos del cuerpo político. Por eso el derecho de las Ciudades tiene dos ramas: la sacra y la civil.

Mas en la Nación la energía, la agilidad de sus miembros no se preocupa sólo del derecho y de la política exterior, de defender la Ciudad, de dominar otras Ciudades, sino que vive con entusiasmo el modo integral de ser hombre, que es el contenido de su Idea colectiva, se esfuerza por depurarlo y enriquecerlo; en suma, prolonga hacia el futuro, como ideal a realizar, la figura misma de su pasado, intentando su perfección, con lo cual la inercialidad de un pretérito se transmuta constantemente en meta y ejemplaridad para un porvenir. Solo hombre capaces de vivir en todo instante las dos dimensiones sustantivas del tiempo -pasado y futuro- son capaces de formar Naciones. El "polites" vive en un perpetuo presente. Pasado y futuro se dan en él sólo como muñones. La manía, tan notoria en griegos y romanos, de retrotraer y proyectar sobre un pasado muy remoto hechos históricos relativamente recientes se origina probablemente en que apenas recuerdan más que lo próximo y sienten como una asfixia cronológica, por faltarles lejanía de pretérito, que procuran artificiosamente subsanar llenando su vacío pasado con lo que efectivamente membran. Que padecían esta atrofia de la "memoria colectiva"- otro término imprescindible pero que es preciso convertir de mera expresión vagorosa en estricto concepto-, que del pasado solo tenían un muñón, se puede demostrar incluso estadísticamente. Basta contar las páginas o párrafos que los grandes historiadores griegos -Tucídides, Polibio- dedican a los siglos verdaderamente antiguos de su pueblo y comparar la cifra con el resto de las páginas que suman sus libros. Son sus famosas "arqueologías", cuyo contenido es miserable y, sin embargo, representan un genial esfuerzo de estos autores. Para el griego, como para muchos pueblos primitivos, el verdadero pasado no pertenece al tiempo, no es histórico, sino que consiste en un pasado absoluto o irreal, la "edad del mito y la leyenda heróica" Mejor que nadie han sabido los humildes hotentotes denominar ese pasado mitológico: "es -dicen- un tiempo que está a la espalda del tiempo."

En cuanto al futuro, sólo Atenas y ello en hora más que tardía, va a proyectar un instante su figura colectiva sobre el porvenir. He dicho Atenas, pero caso es un descuido verbal. Son unos cuantos atenienses, es sobre todo Pericles quien en su discurso funeral -una de las maravillas que ha segregado este planeta bohemio donde intentamos ser- nos presenta Atenas como un ideal de vida humana, como una ejemplaridad que merece la pena realizar, defender y propagar. En este punto excepcional la Ciudad toca la Idea de Nación como una esfera a otra esfera.

¿Por qué en Grecia una cosa así es sólo excepcional y no actúa normalmente en el cuerpo colectivo ni forma parte de la Idea de Ciudad? ¿Qué tiene que pasar en los "pueblos" para que a un tiempo germine en ellos ese afán de sentirse cada uno ejemplar? Es preciso que desde una cierta fecha suficientemente matinal tengan a la vista la conciencia de que la vida no consiste en ser lo que ya se es por tradición, sino que se vean perteneciendo a una unidad mucho más amplia, que no es la suya y propia "a tergo", a saber: el gran espacio de una civilización anterior. Esto fue para los pueblos europeos el Occidente romano. Podemos decir que, desde luego, al entrar en el área de éste los nuevos pueblos germánicos y combinarse con los romanizados, se encontraron, como ates indiqué, teniendo que llevar una doble vida, la suya tradicional y la romana ejemplar. Esta era la vida "como es debido". La civilización romana aparecía como "un modo integral de ser hombre" ya consagrado y sublimado. Si alguna vez en la historia se ha dado anticipadamente una ejemplaridad, fue en este caso. (Por supuesto, este "modo integral de ser hombre" tal y como aparecía ante los pueblos novísimos era puramente esquemático y abstruso, como antes he dicho. Pero este esquematismo y abstrusidad no eran percibidos por ellos.) La historia medieval ha sido la historia de los ejercicios gimnásticos que unos hombres de alma adolescente tuvieron que hacer para no ser sólo inercial, tradicionalmente, sino aprender a ser ejemplarmente. De aquí que en el contenido "material" de la tradición de cada pueblo, informado por el imperativo de ejemplaridad y ciertos cuadros normativos romanos de que estaba impregnado el solar donde vivían, diese como fruto un tipo de sociedad cuya Idea incluía, a la vez, ser tradición y ser empresa. Esto es la Nación.

Cuando los pueblos helénicos ingresaron en el área del mar Egeo no encontraron allí depositada una civilización. Encontraron todo lo contrario: una maraña vegetativa de influjos procedentes de los pueblo que allí residían, más los influjos oriundos de muy diversas civilizaciones: babilónica, hurrita, mitari, hitita, egipcia, cretense, fenicia, etc. Así como los pueblos europeos quedaron desde el primer momento orientados, los helénicos quedaron para siempre desorientados, con lo cual no hacemos sino encarecer el prodigio de sus creaciones.

No pudiendo colocar la civilización helénica en el cajón que su doctrina ha fabricado para las civilizaciones originales. Toynbee se ve obligado a alojarla en el otro -el de la civilizaciones filiales, nacidas en el ámbito de una civilización precedente-. Esto le lleva a decir que así como los pueblo europeos en el espacio de la civilización "helénica", los helenos tenían que haberse encontrado en el área de otra civilización en pleno desarrollo. Impávidamente decreta que esa civilización de que procede la helénica es la cretense. Porque es cierto que cada día se comprueba el origen prehelénico de instituciones que antes nos parecían de la más pura originalidad griega y que una buena parte de esas cosas recibidas son o pueden ser cretenses. Mas, por un lado, el asunto de "orígenes" cretenses en el subsuelo de la civilización helénica es simple función de un avance general en el conocimiento de las civilizaciones proximo-orientales, que ha modificado por completo nuestra perspectiva de lo acaecido desde el años 3.000 a. de C. en toda el área egea. Ahora sabemos que ya sumerios y acadios pusieron el pie en la península balcánica y tras ellos varios de los grandes pueblos que crearon Estados en el Asia Anterior. Por otro lado, trae esto consigo que la "civilización cretense", cuya violenta y no poco caprichosa reconstrucción anduvo tan de moda hace cincuenta años, comienza a desdibujarse, disolviéndose, a su vez,, muchos de sus elementos en meras influencias de esas otras civilizaciones asiáticas más antiguos o contemporáneas de la Minoica. No es suficiente para convencernos de que lo helénico procede de lo cretense referirnos cosas como que en las fiestas de Delos las mozas bailaban "la danza de la grulla". Ni siquiera es seguro que esta danza fuera inventada por los súbditos del Minotauro.

No vale, pues, confundir las cosas y aplastar las diferencias históricas con el rulo de un preconcepto simplista. Porque lo histórico consiste precisamente en diferencias y las semejanza, aún la bien fundadas son meras abstracciones que nos sirven de instrumento mental, de cuadrícula para ver a su través la indócil singularidad que es siempre la historia. La situación de los pueblos europeos al nacer dentro de un ámbito donde pervivía bien que anémica, moribunda, una portentosa civilización es un caso único en todo el panorama de historia universal, tal y como hoy se nos presenta éste. Por eso el resultado -las naciones "sensu stricto"- fue también único.

NACIONALIDAD Y NACIONALISMO

En tiempos de Luis XIV, Vestris, el maestro de baile versallesco, solía decir: "No se sabe toda la filosofía que encierra un "minuet"". Tenía gran razón y están en un error los que piensan que la filosofía está normalmente en las cátedras de filosofía. Lejos de esto, las cátedras de filosofía suelen ser un escenario macabro donde se exhibe ante la nueva generación la momia lamentable de la filosofía. Si, de pronto, en las auténticas universidades actuales se hiciese de verdad filosofía, estas caducas instituciones estallarían inmediatamente por una desintegración similar al atómica. Pero voy ahora tan sólo a hacer notar todo lo que hemos sacado -aun yendo como vamos, al galope- del "minuet" que es el "espíritu de nacionalidad" y que Toynbee pretende simplificar definiéndolo a bocajarro como un "agrio fermento del nuevo vino democrático en los viejos odres del tribalismo (...) espíritu que hace a la gente sentir, actuar y pensar con respecto a lo que es parte de una sociedad como si fuese el todo de esa sociedad". Estamos demasiado hartos de "pistolerismo" político, para que podamos aguantar el "pistolerismo" intelectual. No he necesitado retroceder a la idea de Tribu para aclarar un poco la Idea de Nación. Ha bastado con dibujar someramente el perfil de ésta en contraste con la Idea de Pueblo y la Idea de Ciudad, que son formas de sociedad intermediarias entre la Tribu y la Nación. Si una Nación no es, sin más ni más, un Pueblo, menos puede ser una Tribu. No hay menos incongruencia en lo segundo que dice: La Nación, claro está, se ha sentido a sí misma como un todo. Pero esto acontece con cualquier sociedad: con la familia, la parentela o clan o "Sippe", el barrio, la villa, la comarca, la región, el Estado. Mas sentirse como un todo no excluye que, a la vez, sienta ese su todo como parte de otro más amplio. La socializad -llamo socializad a la función vital que es sentirse el individuo formando parte de una sociedad- se da siempre estratificada. Cada estrato consiste en un determinado nivel de convivencia y este nivel depende de la densidad que esa convivencia tenga. (No es aquí oportuno precisar los factores que determinan la "ecuación de densidad" correspondiente a cada forma de convivencia.) La fórmula de Toynbee, si la entendiésemos en serio, significaría que la Nación implica una efectiva sucesión del todo "Civilización Occidental", algo así como el tentáculo del pulpo que, al llenarse de semen, se estrangula y se separa del torso y flota por su cuenta en las aguas esperando que una hembra se lo ingurguite.

Mas arbitrario, si cabe, es suponer que "el espíritu de nacionalidad" surge cuando llegan los odres nuevos de la democracia. Ya vimos que fue en la primera mitad del siglo XVII cuando en España y en Francia cuaja el "sentimiento" de Nación, pero su presencia se hace notar desde el primer tercio del XVI. Inglaterra se habia adelantado cuando menos un siglo. Italia y Alemania, -por razones entre si diversas- van más retrasadas. En el continente va proal España. Es entre los grandes países de tierra firme el primero que llega a constituirse en Estado nacional unitario. Me parece un error de los historiadores el hábito de atribuir la procedencia cronológica a Francia, fundandose en que Luis XI lograse reunir bajo su "suzerainité" todo el país. La "suzerainité" no es aún "soberanía". Francia sigue articulada feudalmente y bajo esta articulación palpita todavía la pluralidad diferencial de "naciones", de "Stämme" y "países". Jurídicamente -en el sentido del derecho medieval- las competencias vienen a unirse en una mano pero a esta unidad jurídica no corresponde aún la unidad nacional. Bretaña y Provenza, el "Bourbonnais" y Orleáns y Navarra siguen viviendo por su cuenta. La Borgoña y el Franco condado y el Artois quedan fuera de Francia, como regiones de Sacro Romano Imperio. Las inquietudes y movimientos interiores constantes durante los seis reinados siguientes manifiestan de sobra la insuficiente madurez de Francia como Estado nacional: es decir, como nación en pleno desarrollo de la forma "sociedad". Luis XI había expresado su ideal de reunir toda Francia bajo un solo "corpus juris". Pero era solo un ideal y fue menester siglo y cuarto más para que Enrique IV pudiera decir a los habitantes de Bugey, que acababa de integrar en la corona por el tratado de paz con carlos Emmanuel de Saboya (1601). "I était "raisonable" que, "puisque" vous parlez naturallement le français, vous fussiez sujets au roi de France. Je veuz bien que la langue espagnole demeure a l'Espagne, l'allemande a l'Allemagne, mais la françoise doiy estre a moi". Estas palabras del navarro son ya la expresión saturada y hasta doctrinal de la plenaria Idea de Nación, puesto que fundamentan el derecho a la unidad de soberanía en la razón de que existe una unidad de formas de vida -de usos- simbolizada en la unidad de las lenguas. Ellas testifican que llegaba Francia al último estadio en el desarrollo de su nacionalidad en queuna nación necesita sentirse como Estado "independiente", "soberano". Pero todavía continuaron, bien que en forma residual, los desasosiegos del particularismo que se había concertado en la Liga y cuya última manifestación fue la conspiración de Cinq Mars con Soissons, Boillon y Orleáns a su espalda (1642).

En España, por estas mismas fechas, rebrota inesperadamente el particularismo de Cataluña (la guerra de Portugal no cuenta para el caso, porque nunca estuvo unido nacionalmente a castilla). Pero esta sacudida vagamente secesionista, sobre originarse en una intriga de Richeliu, no debe ocultar el hecho de la impresión que desde 1550 produjo España a los demás pueblos europeos; la impresión extraña de algo que antes no se conocía (porque Inglaterra vivía lejos y aparte), la de un país grande -grande para las dimensiones de aquella fauna histórica- que, de pronto se había convertido en un bloque, en una figura histórica inauditamente compacta. Era la Nación, con todos sus atributos.

A ella sigue pronto Francia y por eso todavía cuando en 1816 Guillermo de Humboldt, que es uno de los primeros alemanes en ver clara la política nacional, es decir, la Nación como Estado, piensa en su país y quisiera que fuese un Estado nacional, pero reconoce que no está aún, en su real y referida evolución, maduro para ser una unidad compacta de ese tipo, y tiene que buscar el logro de su anhelado Estado nacional en forma de Liga de Estados - Staatsverein- y no, dice, "como España y Francia", que se han fundido en una "Masse": Ni siquiera propone la figura intermedia entre Estado unitario y Liga de Estados, que es la Confederación. Hipersensible y pulcrísimo pensador -del mismo linaje intelectual que Dilthey, es decir "de los pensadores que piensan sin prisa de llegar a fórmulas"- se da cuenta de lo esencial con respecto a la situación de Alemania, a saber que era el pueblo de evolución retardada.

Sería tonto querer explicar este retraso en pocas palabras y por pocas causas, pero hay dos que son claras: no haber sido romanizada y la guerra de los Treinta Años que hace a Alemania, en todos los órdenes, perder un siglo. Llega, pues, tarde a la época de su plena nacionalización, cuando la actuación en el espacio europeo es ya muy difícil. Por ejemplo, no caben conquistas -guerreras o dinásticas-

porque las otra naciones tienen ya consolidada, dura su forma, y habiéndose hecho la vida más "mundial" todo el resto del mundo se opone al conquistador. (Por eso Napoleón no fue un Carlomagno). Es un caso, en alguna dimensión, parecido al de Italia. No se había sentido Nación, pero en virtud del factor imitativo, a mediados del siglo XIX se pone a remedar la forma de vida colectiva que tan clara y lúcidamente se había acusado en Inglaterra, España, Francia y Suiza. Permítaseme decir que yo sospecho algo de imitatividad en la actitud alemana en torno a la Idea de Nación desde fines del siglo XVIII. Véanse las extraordinarias citas que Meinecke hace de Lessing, Schiller y Herder y dígaseme si no revelan un bizquear de estos hombres hacia otros países de figura externa nacional más formada y madura. Digo que es bizquear porque es mirar, a la vez, a sí mismo y a los otros. Porque lo curioso es que al no ver en Alemania esa figura ¡creen que no es una nación! La descentralización política y social de Alemania era para ellos como los árboles que no dejan ver el bosque.

De aquí que tanto el "risorgimento" italiano como el movimiento alemán de 1850 a 1870, si se los compara con el proceso nacionalizador de las otras naciones más viejas, tienen cierto aire de deliberado mimetismo. Italianos y alemanes nos parecen, en cualquier modo, como gentes que parten a fundar una Nación, merced al modelo que las ya logradas habían constituido. Nadie se me enoje si digo que al leer con devoción la historia de ambos países durante aquel tiempo, recuerda uno involuntariamente al personaje de un drama histórico, cuya trama acontece en 1620, que al terminar el primer acto grita: "¡Partamos para la guerra de los Treinta Años!"

Pero la profundidad del hombre alemán se advierte en que aun hallándose movilizado en esa aspiración de origen mimético y querer no sólo se runa Nación, sino serlo como lo eran las otras, hasta 1870 ha estado lleno de dudas y vacilaciones y ha hecho dentro de su cabeza múltiples ensayos para cohonestar aquel deseo con el aspecto que a su mirada insobornable ofrecía la realidad alemana, y aun con admirables anticipaciones sobre el remoto futuro del hecho Nacionalidad. Estas dos cosas: el constitutivo retraso de Alemania en el proceso de su nacionalización y la genial videncia con que sus pensadores y algunos de sus políticos, aun anhelando patrióticamente que su país llegase, como los demás, a ser un Estado nacional, no consideren esto como lo último en la historia, sino que, a su vez, hay algo más allá de la Nación, que en su hora presentará sus reclamaciones, estas dos cosas, -digo- son, sobre todo la última, lo que Meinecke no percibe en su primera grande obra e impide que a su exposición de las ideas alemanas sobre la nacionalidad entre 1790 y 1870 falte la grandiosa y patética perspectiva que en realidad manifiesta. ¡Es espléndido como espectáculo intelectual y moral!

Pero este magnífico espectáculo se inicia en Alemania coincidiendo cronológicamente con el advenimiento de la idea democrática en toda Europa. Ahora bien, mister Toynbee -según recordarán- definía el "espíritu de Nacionalidad" diciendo que era como un "cock-tali" de tribalismo y democracia. Ya hemos visto lo que hay de absurdo en esta sentencia emitida por nuestro mandarín de Oxford. La conciencia de Nacionalidad no tiene nada especial que ver con el tribalismo y además es de mucha mayor antigüedad que la invención de la democracia. No cabe, pues, identificar a ésta como madre de la Nacionalidad

y la denominó así presumiendo que en aquella cohabitación se atribuye al tribalismo la tarea masculina. Lo que sí aconteció al llegar la democracia, por tanto en los comienzos del siglo XIX, es que con ella comenzaron los pueblos de Occidente a caer en el deletéreo poder de los demagogos -sean de izquierda o de derecha-, y como la única táctica de estos irresponsables personajes es extremarlo todo para poder alcoholizar a las masas, la conciencia de Nacionalidad, que llevaba ya dos siglos de pacífica, tranquila vida, se convirtió en programa político. Ahora bien, los programas políticos no están nunca fabricados con auténticas ideas, sino que se componen solo de "ismos", y, viceversa, cuando algo se empina hasta un "ismo" quiere decirse que no es ya una cosa auténtica, sino que se ha convertido y degradado en "programa". De esta suerte, la conciencia nacional se transformó -yo diría se emborrachó- en forma de nacionalismo.

Este "ismo" como todos los "ismos", ha sido catastrófico. Los "ismos" son los dogales de seda con que tanto los pensadores como los pueblos suelen estrangularse. Sobre todo cuando, como en el caso del nacionalismo, se ha llegado, merced a la intervención de los hiperdemagogos, a hacer de él un hipernacionalismo. Esta progresión era inevitable. Es un conocido espectáculo de taberna. Como la demagogia, dije, es alcoholización de las masas, sabido es que los alcoholizados necesitan cada vez un más fuerte alcohol.

Las guerras de los últimos siglos fueron guerras dinásticas y no guerras entre naciones. Es la Revolución francesa quien, con su idea de "nación en armas", inició las guarras propiamente nacionalistas en que un pueblo de

Europa pretendía someter, más o menos, a los otros. Pero esto no fue nunca posible. ¿Por qué?

Opinión pública y poder público
El equilibrio europeo.
El derecho consuetudinario

He dicho que una sociedad es la convivencia de individuos humanos bajo un sistema de usos. Los usos son una permanente presión que el individuo siente sobre sí y que viene de esa entidad impersonal, irresponsable y automática que es la colectividad en medio de la cual vive. El sujeto de los usos no es nadie, mejor dicho, es Nadie, es lo que solemos llamar "la Gente". De aquí que el libro donde expongo mi doctrina de la sociedad se titule "El hombre y la gente". Un ejemplo de uso y por tanto de mecánica presión social sobre el individuo es la lengua. Si un individuo determinado habla con la mujer que ama, este comportamiento humano es interindividual. Mas precisamente una relación como esta, que sólo puede acontecer entre un individuo determinado y exclusivo con otro individuo exclusivo y determinado, sólo es posible normalmente si estos pueden conversar. Para lograr entenderse, para unir sus almas, sus intimidades, sus soledades -pues esto es el amor: el ensayo de canjear dos soledades- son, a la fuerza, consignados a algún lenguaje. Pero este lenguaje ni proviene ni depende de ninguno de ellos en cuanto tales determinados individuos. El lenguaje "está ahí", fuera de ellos, en el "ahí" que es la colectividad, que es la gente. DE ésta viene sobre ambos individuos una presión consistente en sentirse forzados a aceptar la gramática y el vocabulario de aquella lengua. Ahora bien, las palabras y las formas sintácticas no son sino usos de la sociedad, usos verbales.

Pero tomemos otro ejemplo de uso, muy diferente. Si cualquiera de ustedes, por motivos puramente individuales, quiere atravesar la calle en una ciudad populosa, el guardia de tránsito se lo impide. Pero este acto del guardia de tránsito no procede de él en cuanto individuo. Personalmente no tiene interés alguno en que no atraviesen la calle. Ni él con ustedes ni ustedes con él se encuentran en ninguna relación interindividual. El es indeterminado instrumento u órgano de un poder que se halla tras él: el "poder público". Pero este "poder público", servido por órganos ejecutivos, que se suelen llamar Estados, no es sino la intervención activa, enérgica, incluso corporalmente enérgica de la "opinión pública". Si no hubiese "opinión pública" no habría poder público y menos aún, Estado. Cuando aquella intervención enérgica sobre el individuo no procede, en última instancia, de la "opinión pública", se trata de un fenómeno anormal, todo lo frecuente que se quiera, pero siempre mucho menos que la auténtica normalidad. La anomalía estriba en que, faltando transitoriamente "opinión pública", no hay propiamente "poder público", sino solo poderes de grupos particulares, fundados en la opinión de este o aquel grupo. Estos poderes particulares se hallan en lucha declarada o latente porque las opiniones en que se fundan discrepan gravemente. Es la situación de una colectividad o sociedad que se llama "guerra civil" sea esta cruenta o blanda-. Pero, repito, lo normal es que exista una "opinión pública", la cual suscita automáticamente en la sociedad el fenómeno del "poder público". Es indiferente que éste sea ejercido o no por órganos especiales preestablecidos y permanentes, que son los que, "sensu stricto", suelen llamarse, con cierta dosis de error, Estado. A mi juicio, esta noción habitual del Estado no se adapta a las innumerables formas que el "poder público" toma para ejercerse.

Ahora bien, es incuestionable que todos los pueblos de Occidente han vivido siempre sumergidos en un ámbito - Europa- donde existió siempre una opinión pública europea. Y si ésta existía no podía menos de existir tambie'n un poder público europeo que sin cesar he ejercitado su presión sobre cada pueblo. En este sentido que es el auténtico y rigoroso, una cierta forma de Estado europeo ha existido siempre y no hay pueblo que no haya sentido su presión, a veces terrible. Solo que este Estado superracional o ultranacional ha tenido figuras muy distintas de las que ha adoptado el Estado nacional. Pero conste que éste, si lo contemplamos en su desarrollo desde la Edad media, también se ha manifestado, a su vez, con fisonomías muy diferentes y, a veces, difíciles de identificar. Mas la figura que ha tenido el Estado europeo, siempre con más o menos vigor existente, no es tan fácil de percibir como un rey o el presidente de una República. Su figura es puramente dinámica. Los grupos, ya dijimos, fueron incapaces de ver todo Estado que no fuese el visible y tangible del Estado-Ciudad.

En la "Política" de Aristóteles no hay visión de hechos políticos tan enormes como las grandes monarquías macedónica o persa. Es siempre la "pólis", monárquica o no, quien está a la vista. Los enormes conglomerados sociales que, en comparación con ella, representan aquellas grandes naciones rebosan el campo visual del mismo Aristóteles. Pero la cosa es en él aún comprensible. Macedonia bajo Filipo o

Alejandro era todavía en su tiempo una aventura -de aquí el hecho sorprendente de que habiendo Aristóteles sido maestro de Alejandro y vivido en la corte, nada de esto transparezca jamás en su obra. Pero Polibio viene cuando ya han durado siglo y medio los Diácodos y él va precisamente a relatar su historia. Sin embargo, tampoco aparece la definición de estos Estados en la teoría política del siglo II antes de Cristo. Lo cual hace pensar que se había cerrado ya la mente griega a nuevos hechos y era incapaz de reaccionar ante ellos con nuevas nociones, sino que se va a quedar para siempre girando en la órbita de los viejos conceptos, prisionera de ellos. Polibio, sin embargo, hace un genial esfuerzo para atender el nuevo y gigantesco hecho romano. Pero le era facilitada la comprensión porque Roma era una "polis, urbs"; de aquí que descubre lo peculiar de ella como pólis -su constitución y su éthos o virtudes- pero no el ingente organismo que, sobre la "ecumene", Roma había creado y que iba a ser el Imperio.

Sería recaer en la limitación antigua no descubrir unidad de poder público más que donde este ha tomado máscaras ya conocidas y como solidificadas de Estado; esto es, en las naciones particulares de Europa. Niego rotundamente que el poder público decisivo actuante en cada una de ellas consista exclusivamente en un poder público interior o nacional. Conviene caer de una vez en la cuenta de que desde hace muchos siglos -y con conciencia de ellos desde hace cuatro- viven todos los pueblos de Europa sometidos a un poder público que por su misma pureza dinámica no tolera otra denominación que la extraída de la ciencia mecánica: el "equilibrio europeo" o "balance of Power".

Este es el auténtico gobierno de Europa que regula en su vuelo por la historia al enjambre de pueblos, solícitos y pugnaces como abejas, escapados a las ruinas del mundo antiguo. La unidad de Europa no es una fantasía, sino que es la realidad misma, y la fantasía es precisamente lo otro; la creencia de que Francia, Alemania, Italia o España son realidades sustantivas, por tanto completas e independientes.

Se comprende, sin embargo, que no todo el mundo perciba con evidencia la realidad de Europa, porque Europa no es una "cosa", sino un equilibrio. Ya en el siglo XVII el historiador Robertson llamó al equilibrio europeo "The greatest secret of modern politics".

¡Secreto grande y paradoja, sin duda! Porque el equilibrio o balanza de poderes es una realidad que consiste esencialmente en la existencia de una pluralidad. Si esta pluralidad se pierde, aquella unidad dinámica se desvanecería. Europa es, en efecto, enjambre: muchas abejas en un solo vuelo.

Este carácter unitario de la magnífica pluralidad europea es lo que yo llamaría la buena homogeneidad, la que es fecunda y deseable, la que hacía ya decir a Montesquieu: "L'Europpe n'est qu'une nación composée de plusieurs", y a Balzac, más románticamente, le hacía hablar de la "grande familla continentale, dont tous les efforts tenden à je ne sais quel mystère de civilisation".

Si miramos, pues, las naciones -digamos, al trasluz-, descubrimos en ellas la sociedad europea como en el papel la filigrana. Habrá quien no logre verla. ¿De dónde viene esta ceguera? No es accidental y no limita su privación a este caso, sino que la sorprendemos aplicada a todas las dimensiones de la historia; más aún, es congénita al ejercicio mismo de la inteligencia; ésta reacciona ante una realidad creando un esquema, lo que solemos llamar una "idea" o concepto; la idea queda encapsulada en un nombre. La mayor parte de nuestros compañeros de especie, cuando tienen el nombre de algo, con su idea inclusa, se vuelven incapaces de ver ya este algo, es decir, la realidad que nombran e idean. Nombre e idea se interponen entre las cosas y nosotros como una pantalla opaca. Es curioso que las ideas, hechas para facilitarnos la clara percepción de las realidades, sirven a muchos hombres para todo lo contrario: para espantar la realidades, para defenderse de su visión adecuada. Van como sonámbulos por la vida, reclusos dentro del dermato-esqueleto de sus ideas, de sus "lugares comunes". Por eso urge que nos adiestremos en una nueva óptica, la cual nos deje ver, al través de los nombres y las fórmulas que hasta ahora pretendían acotar y representar las diversas realidades integrantes de lo colectivo humano, el cuerpo efectivo, auténtico de esas realidades. Muy especialmente acontece esto con las realidades que son el Derecho y entre ellas, aún más especialmente con el Estado. Necesitamos aprender a no imaginar que la realidad derecho consiste sólo en lo que las prescripciones debidamente sancionadas enuncian. Y esto tanto cuando hablamos del Derecho en conjunto como cuando nos referimos a una institución determinada. La realidad "derecho" no termina en los que esas prescripciones formulan. Su cuerpo efectivo continúa más allá y a veces no se puede, sin caer en falsificadora abstracción, seccionar todo un lado de la vida colectiva. Tenía razón que le sobraba Savigny cuando decía que "das Rect. Hat kein Dasein für sich, sein Wesen vielmehr ist das Leben der Menschen selbst, von einen besolderen Seite angesehen". (El derecho no tiene existencia empírica por sí: su esencia es, más bien, la vida misma del hombre contemplada desde un punto de vista especial.) Sin embargo, en la "escuela histórica" la mística nebulosa noción de "Volksgeist" hace que a fórmulas acertadas como ésta correspondan sólo ideas vagas, difusas y no comprobadas en su detalle, mientras que con esas mismas palabras yo enuncio una tarea rigorosa, precisa y controlada que es debido ejecutar con cualquier institución.

En primer lugar, la institución definida en una ley o convoluto de leyes es siempre en su realidad efectiva y completa mucho más extensa que lo formalmente estatuido en las cláusulas de su promulgación; se apoya en una porción de vigencias sociales que la ley da por supuestas o que "por sabidas se callan". En segundo lugar, existen siempre normas que son auténticamente jurídicas y que, sin embargo, nunca fueron sancionadas y estatuidas. El ejemplo de ello menos característico y menos importante sería el llamado "Derecho consuetudinario" aunque es floja cosa poder yo ahora recordar que la última palabra de Ihering sobre el Derecho fue decir que casi íntegramente había consistido en esa forma no estatuaria de Derecho. Mucho más esclarecedor de lo que quiero decir es hacer notar esta enorme realidad: todas las leyes civiles y públicas del Derecho romano dan por supuesta esta "ley" nunca formalmente sancionada, prescrita ni enunciada: "Es obligatorio para todo ciudadano romano comportarse de modo que Roma pueda subsistir". Sería un error suponer que esta perogrullada por ser, en efecto, perogrullada, no expresa una maciza realidad, y otro error suponer que esa vigencia jurídica ha existido "mutatis mutandis" en todos los países y Estados.

El caso de Alemania

Aquella deficiente óptica es causa de que no se acuse constantemente en la contemplación de las historias nacionales el fondo permanente de la sociedad europea, mas concretamente, el "poder público" europeo, actuando sobre aquellas y de que inclusive un historiador tan auténticamente perspicaz como Meinecke al narrar la evolución de la idea nacional alemana en la serie de sus grandes pensadores, desde Guillermo de Humboldt, no advierta el verdadero sentido de muchas de sus palabras. Por eso en su libro, una vez y otra vez nos resulta incomprensible cómo aun aquellos hombres que enérgicamente deseaban la nacionalidad para Alemania y con perfecta claridad veían en qué consistía esta, muestren sin embargo, reservas. De hecho, procede a Meinecke, cegado por la convicción de que la nacionalidad es la última y superior forma histórica de colectividad. La quiere para Alemania -que en su juventud parecía haberla conseguido- y considera toda precaución ante ella y toda limitación de su derecho como algo implícito y antihistórico, supervivencia de las vaguedades racionalistas que en el barato filantropismo del siglo XVII había propalado. Esto le lleva a que, cuando Humboldt insiste en apelar o tomar en cuenta, más allá de la realidad exclusivamente alemana -él, que fue el primero en ver a Alemania propia y estrictamente como nacionalidad con todos sus atributos-, la realidad histórica concreta, actuante y nada utópica que era el "concierto europeo", Meinecke se arroje a decir: "Así, pues, él tampoco se atuvo de modo consecuente al gran pensamiento de una autonomía nacional para Alemania que el fue uno de los primeros en exponer con agudeza conceptual; tampoco él pudo desprenderse totalmente de la creencia de que hay comunidades supranacionales en la vida del Estado sobre las cuales se puede construir políticamente, sobre las que se puede incluso fundar la existencia de la propia nación. (obra citada. Pág. 200).

Aquí tienen ustedes la ilusión óptica que he tratado de esclarecer. Aquí tienen como los árboles nacionales europeos no dejan ver el bosque Europa a este egregio, magistral historiador. La reserva de Humboldt, de Stein, de Gneisenau, como antes de Niebuhr, su empeño en encajar la "nacionalidad alemana" en el bloque real histórico de Europa no procedía, como Meinecke supones, de "ideas impolítico-universalistas", es decir, cosmopolitas, tipo siglo XVIII, sino de un estilo sobremanera realista, tanto político como histórico. Esa "colectividad política ultranacional" no es fantasmagoría. Ninguna nación europea se ha desarrollado ni ha conseguido llegar a su forma plenaria si no es gracias a un fondo ultra o supranacional, que era precisamente la realidad total europea. Y el caso es que el propio Meinecke nos refiere admirablemente cómo, en 1815, sienten los alemanes, con tal vivacidad la idea Europa, es decir, el equilibrio europeo, que los más nacionalistas de entonces, como Stein y Gneisenau, no vacilan un momento en cercenar sus países para entregar alguna porción de ellos a Rusia e Inglaterra. Porque comprendían que nada se lograba para su nación si no aseguraba a la vez, la convivencia europea, por tanto, la sociedad Europa. De aquí que no sorprenda ver a Meinecke poniendo reparos al siguiente párrafo en que Humboldt defiende su solución nacional, que es hacer de Alemania una "Liga", no una Confederación ni un Estado nacional, ya que este último hubiera sido inmaturo entonces, por el estado interior de Alemania, y la confederación era imposible si iban a existir dentro de ella dos poderes tan fuertes como Prusia y Austria. El párrafo, que me parece un prodigio de inteligencia, de realismo político y de mesura histórica, suena así: "No se puede, de ningún modo, olvidar la verdadera y apropiada finalidad de la Liga en la medida en que está relacionada con la política europea. Esta finalidad es asegurar la paz; toda la existencia de la confederación está basada en el mantenimiento del equilibrio mediante una fuerza de gravedad inherente; este equilibrio sería totalmente alterado si en la serie de los Estados europeos, aparte de los alemanes de más importancia tomados aisladamente, se introdujese un nuevo Estado colectivo, no suscitado por un equilibrio perturbado sino por una actividad, por así decir, arbitraria; Estado que no tardaría en obrar por su cuenta y que serviría a una u otra gran potencia bien de ayuda o de pretexto. Nadie podría evitar entonces que Alemania, como tal Alemania, se convirtiese en un Estado conquistador, lo que ningún auténtico alemán puede desear, pues hoy por hoy, se sabe qué notables méritos ha conseguido la nación alemana en su cultura intelectual y científica, aun no teniendo ninguna proyección política hacia el exterior, pero resulta, en cambio, imprevisible qué efecto podría tener tal proyección sobre este mismo aspecto".

A un párrafo como éste llamo yo "maravilla de la inteligencia", de la profunda intuición, de la soberana mesura histórica. En él con sencillas palabras se vaticina siglo y medio de historia alemana y europea.

Lo propio hay que oponer a la manera como Meinecke reacciona ante el admirable pensamiento en que Niebuhr (1814) "aprueba la cruzada legitimista contra la Revolución francesa". Esto le parece a Meinecke un desatino y le suena a blasfemia. No creo que su repulsa esté inspirada en vulgar idolatría por la Revolución francesa por lo que tuvo de revolución, sino en un residuo de beatería nacionalista que le hace sentir como un sacrilegio la oposición de otros pueblos a lo que aquel movimiento revolucionario tenía de francés. En esta reacción se hace patente que Meinecke creía, cuando compuso este libro, en el principio de nacionalidad con la fe del carbonero, es decir, que se cree porque sí, y merced a ello sin límites ni contemplaciones. En este libro no admite ni le cabe en la cabeza que pueda tener buen sentido el que un nacionalista crea que tiene deberes no sólo con su nación, sino también con cuerpos históricos más amplios. A esta sensibilidad para una realidad ultranacional llama "invasión de ideas impolíticas en el Estado" (p. 218). Pero lo que Niebhur escribía en "Preussens Rect. Gegen den sächsischen Hof" no era sino esto: "Si la coalición contra la Revolución francesa no hubiese procedido tan lánguida y torpemente que su conducta no daba lugar a esperanza alguna de salvación, no sería justo objetar nada contra la doctrina en que se basaba la unión inicial, según la cual "existe una colectividad de Estados europeos, aunque no estén dirigidos por ninguna efectiva federación" y cada Estado tiene el deber de intervenir en lo que a Europa importa." A mí esto me parece la perfección misma y no por ningún utópico ideal hacia una unidad de Europa, sino, al revés, porque veo en ello la percepción clara de que Europa era y seguirá siendo en aquella hora una realidad ultranacional, como los hechos demostraron en el año siguiente. Súmese pues, Niebuhr a Humboldt, Stein, Gneisenau para lo que en seguida añade mi texto.

Convendría que aplicando la nueva óptica se rehiciese la historia de la Idea de Nacionalidad en Alemania durante el siglo pasado, porque entonces resultaría patente e incuestionable que, contra la opinión inercial, hoy tan extendida, ha sido Alemania hasta Guillermo II el paísmás mesuradamente nacionalista que ha habido en Europa. Cuando se lee el libro de Meinecke y se aprovecha la inmejorable selección de citas que lo componen, pasma el comedimiento, la precaución, el clarividente realismo, la previsión de peligros con que fue pensado y tratado, decenio tras decenio, el problema de la Nación alemana. Cuando se llega a Bismarck, teniendo a la espalda la lectura de los capítulos anteriores, se advierte más acusadamente el lado de mesura, de conciencia europea, de sentido de responsabilidad histórica, de "deberes" para con la Ultra-Nación que era y es Europa, pervivientes en este "canciller de hierro", a pesar de haber sido el primer político alemán que inicia el vano gesto de intempestiva dureza y el rictus de bravuconería que a los ojos de quien, como yo, es de Alemania, a la vez, amante y distante, le parecen la cosa más antialemana que cabe imaginar. Bismarck fue el primero que explotó el mayor defecto alemán, que es el "furor teutónicus". Pero ya he dicho que llegando a él desde 1800 y comparándolo con conductas recientes, lo que salta más a la vista es su contención. Y la causa de que sepamos ver en él tan destacado este aspecto es que las páginas anteriores al libro de Meinecke nos han hecho manifiesta la "Gründlichkeit", la seriedad con que los alemanes, desde 1800, habían meditado sobre el tema "nacionalidad" en general y especialmente sobre el caso alemán, evitando superficialidades retóricas e insolentes frivolidades, tomándolo profundamente -es decir, de "profundis", alemanamente-. (Porque no se le de vueltas: esto es lo más alemán de la alemania. Por eso, a esta Alemania política y económicamente triturada, con sus ciudades desventradas, con sus ríos despontados, volvemos a ir todos. ¿A qué? Pues ¿a qué va a ser? A aprender.)

Es emocionante perseguir cómo estos grandes alemanes de la primera mitad del siglo pasado que -sobre todo los primeros- llevan aun pegado a las asentaderas el cascarón nacionalista y antihistórico del siglo XVIII van poco a poco forjando el auténtico y sustancial concepto de Nación. Tienen que luchar con la Idea -vivaz aún dentro de ellos- de que hay una sola manera propiamente humana de ser hombre, una "naturaleza humana", de suerte que las diferencias nacionales serían sólo desviación de esta ejemplaridad. Fue menester un cierto coraje sentimental para hacer valer, no obstante, los métodos diferenciales de cada país. Este es el comienzo del nacionalismo. Meinecke lo llama acertadamente "nacionalismo negativo" Herder fue el divino audaz que rompe marcha y se atreve a entusiasmarse; al menos, con los más íntimos manierismos de las poesías populares. Mas -"à tout seigneur tout bonneur"- fue el inglés Burke en quien, por primera vez, aparecen resueltamente afirmados la tradición, las costumbres, el instinto, los impulsos espontáneos de cada pueblo que habían sido considerados hasta entonces como los "pudenda" de la historia. (Véase Meinccke, op. ct., pp 136-37). Burke no dice sólo que acepta los prejuicios ingleses, sino que adoptando una postura de boxeador frente a los revolucionarios franceses, productores de telarañas "a priori", añadirá que acepta los prejuicios ingleses precisamente porque son prejuicios.

Lo cual no es sino un modo polémico, hiriente de decir una verdad inmensa: que el hombre en general no existe, que sólo hay el hombre producido en la historia de cada pueblo y que esta historia se origina no en juicios abstractos racionales, sino en azares, circunstancias y creaciones ocasionales; por tanto, en prejuicios. Hoy vemos con toda claridad y suficiente tranquilidad que el hombre es esencialmente un prejuicio y que siéndolo es lo mejor que puede ser. La cultura, aun en su más alto y ejemplar sentido, es el arte de pulimentar todo lo posible el irremediable prejuicio que somos. ¡Y ya es bastante!

Fichte, que es el primero en sentir con pasión -con su brío de filósofo búfalo- la nación alemana, es, a la vez, en quien más enérgico perdura el estilo nacionalista de pensar. Este conflicto, como el del pedernal con el eslabón, hace saltar una chispa genial. El pueblo alemán -piensa Fichte- tiene que ser radicalemente, con frenesí, el pueblo alemán, pero lo característico de este pueblo es ser "el pueblo de la Humanidad". Nótese lo que esto significa. Fichte se siente hasta la médula patriota "nacional". Pero su modo de sentirse nacional es el que yo llamaba "ser agilidad", esto es, ver su nación proyectada sobre el porvenir como el mejor programa de ser hombre que cabe, por tanto, por Humanismo, Universalismo o Cosmopolitanismo. Hay que ser alemán porque ser alemán significa ser la Humanidad. Al revés, pues, que los hipernacionalismos recientes, que querían hacer alemana a la Humanidad. Sin embargo -y es un buen ejemplo de cómo unas mismas palabras pueden significar doctrinas no sólo distintas, sino contrapuestas-, su idea del pueblo alemán como "Menschhritsvolk" le lleva lógicamente a pensar que "el último fin de toda cultura nacional es siempre, no obstante, que esta cultura se extienda por todo el género humano" (Meinecke, pág. 98). Pero el derecho y hasta la obligación de esta germanización del mundo se funda para Fichte en que previamente Germania se haya hecho Humanidad. Para mí esta "fórmula" de Fichte, exactamente entendida, es la más clara expresión vivida -y en este sentido, no teórica- de lo que en pura teoría intentan las páginas anteriores presentar como la definición formal de lo que es una nación.

Es admirable cómo en esta idea del pueblo alemán en cuanto "pueblo de la Humanidad" el siglo XVIII, racionalista, utópico y ucrónico, viene a enchufarse, a encapsularse en el pensamiento histórico del romanticismo, del siglo XIX y de la hora presente. Así anticipa Fichte, en los albores del siglo decimonono, lo que en 1862 -nótese la perpetuación de la idea- dirá J. E. Erdmann: "Es antialemán ser sólo alemán". Burke coloniza la cabeza efervescente de Adam Müller y éste será quien primero nos hace ver a la nación como una realidad individual, más aún, nos dirá expresamente que es "como una persona". Y con ello si nos tomamos el leve trabajo de entenderlo bien, no hace sino enunciar la pura verdad exenta de nebulosidades y misticismos. La nación misma es para él una "persona" porque es "un todo libre que se desarrolla y consiste en infinitos influjos recíprocos de ideas que se entrechocan y se reconcilian". Pero esta definición se hace por completo transparente si se tiene en cuenta el contexto en que va. Müller se está ocupando de "cómo se puede entender" y "describir" una nación. Y responde: "Pues lo mismo que se entiende y caracteriza a un hombre": No es enmendar la plana a Adam Müller -siempre me han parecido estreñidos y ridículos los escritores que se dedican a enmendar la plana a sus grandes colegas difuntos- decir que sólo le falta, para abrir de par en par la puerta a su idea, usar de la expresión que desde hace bastantes años yo empleo, a saber: "que una nación es una intimidad en sentido homólogo a como lo es una persona". Por eso es tan difícil que las naciones se entiendan, como es arduo lograr que las personas no se malentiendan.

LAS VIGENCIAS SOCIALES

En 1937 sentía yo espanto ante las consecuencias que preveía iban a producirse muy pronto por la ceguera de las grandes naciones anglosajonas para lo que es una nación y de que la obra de Toynbee, él mismo especialista en asuntos inter-nacionales, es acromegálico ejemplo. Aquella ceguera consistía, ante todo, en que esos países creían estar bien informados sobre los demás. Mi preocupación me incitó a publicar en la revista de Londres "The Nineteenth Century and After" (julio de 1938) un artículo del que conviene reproducir aquí una parte. Iba dirigido a los ingleses, y como los ingleses desde 1900 parecen haberse convertido en profesionales del pacifismo, tomaba yo el asunto por este cabo y titulaba mis páginas "Concerning pacifism".

Las naciones de Occidente son pueblos que flotan como ludiones dentro del único espacio social que es Europa; "en él se mueven, viven y son". Yo postulo una historia de Europa que nos contaría las visicitudes de ese espacio humano y nos haría ver cómo su índice de socialización ha variado; cómo, en ocasiones, descendió gravemente haciendo temer la escisión radical de Europa, y sobre todo cómo la dosis de paz en cada época ha estado en razón directa de ese índice. Esto último es lo que más nos importa para las congojas actuales.

La realidad histórica o, más vulgarmente dicho, lo que pasa en el mundo humano no es un montón de hechos sueltos, sino que posee una estricta anatomía y una clara estructura. Es más: acaso es lo único en el Universo que tiene por sí mismo estructura, organización. Todo lo demás -por ejemplo, los fenómenos físicos- carece de ella. Son hechos sueltos a los que el físico tiene que inventar una estructura imaginaria porque ellos por sí no la poseen. Pero esa anatomía de la realidad histórica necesita ser estudiada. Cuando de la estudia bien resulta posible diagnosticar con cierta precisión el lugar o estrato del cuerpo histórico donde la enfermedad radica. Había en el mundo una amplísima y potente sociedad -la sociedad europea- que a fuer de sociedad estaba constituida por un orden básico debido a la eficiencia de ciertas instancias últimas: el credo intelectual y moral de Europa. Este orden que, por debajo de todos sus superficiales desórdenes, actuaba en los senos profundos de Occidente, ha irradiado durante generaciones sobre el resto del planeta y puso en él, mucho o poco, todo el orden de que ese resto era capaz.

Pues bien, nada debiera hoy importar al pacifista como averiguar qué es lo que pasa en esos senos profundos del cuerpo occidental, cuál es su índole actual de socialización, por qué se ha volatilizado el sistema tradicional de "vigencias colectivas" y si a despecho de las apariencias conserva alguna de éstas latente vivacidad. Porque el derecho es operación espontánea de la sociedad, pero la sociedad es convivencia bajo instancias. Pudiera acaecer que en la fecha presente faltase esas instancias en una proporción sin ejemplo a lo largo de toda la historia europea. En este caso la enfermedad sería la más grave que ha sufrido Occidente desde Diocleciano o los Severos. Esto no quiere decir que sea incurable; quiere decir sólo que fuera preciso llamar a muy buenos médicos y no a cualquier transeúnte. Quiere decir, sobre todo, que no puede esperarse remedio alguno de la Sociedad de Naciones -o de la O.N.U.- según lo que fue y sigue siendo instituto antihistórico que un maledicente podría suponer inventado en un club cuyos miembros principalmente fuesen Mr. Pickwick, M. Homais y congéneres.

El anterior diagnóstico, aparte de que sea acertado o erróneo, parecerá abstruso. Y lo es, en efecto. Yo lo lamento, pero no está en mi mano evitarlo. También los diagnósticos más rigorosos de la medicina actual son abtrusos. ¿Qué profano, al leer un fino análisis de sangre, ve allí definida una terrible enfermedad? Me he esforzado siempre en combatir el esoterismo, que es por sí uno de los males de nuestro tiempo. Pero no nos hagamos ilusiones. Desde hace un siglo, por causas hondas y, en parte respetables, las ciencias derivan irresistiblemente en dirección esotérica. Es una de las muchas cosas cuya grave importancia no han sabido ver los políticos, hombres aquejados del vicio opuesto, que es un excesivo exoterismo. Por el momento no hay sino aceptar la situación y reconocer que el conocimiento se ha distanciado radicalmente de las conversaciones de "beer-table".

Europa esta hoy desocializada o, lo que es igual, faltan principios de convivencia que sean vigentes y a que quepa recurrir. Una parte de Europa se esfuerza en hacer triunfar unos principios que considera "nuevos", la otra se esfuerza en defender los tradicionales. Ahora bien, esta es la mejor prueba de que ni los unos ni los otros son vigentes y han perdido o no han logrado la virtud de ser instancias. Cuando una opinión o norma ha llegado a ser de verdad "vigencia colectiva" no recibe su vigor del esfuerzo que en imponerla o sostenerla emplean grupos determinados dentro de la sociedad. Al contrario, todo grupo determinado busca su máxima fortaleza reclamándose de esas vigencias. En el momento en que es preciso luchar en pro de un principio, quiere decirse que éste no es aún o ha dejado de ser vigente. Viceversa, cuando es con plenitud vigente lo único que hay que hacer es usar de él, referirse a él, ampararse en él, como se hace con la ley de gravedad. Las vigencias operan su mágico influjo sin polémica ni agitación, quietas y yacentes en el fondo de las almas, a veces sin que éstas se den cuenta de que están dominadas por ellas y a veces creyendo inclusive que combaten en contra de ellas. El fenómeno es sorprendente, pero es incuestionable y constituye el hecho fundamental de la sociedad. Las vigencias son el auténtico poder social, anónimo, impersonal, independiente de todo grupo o individuo determinado.

Mas. Inversamente, cuando una idea ha perdido ese carácter de instancia colectiva, produce una impresión entre cómica y azorante ver que alguien considera suficiente aludir a ella para sentirse justificado o fortalecido. Ahora bien, esto acontece todavía hoy, con excesiva frecuencia, en Inglaterra y Norteamérica. (Por ejemplo, las apelaciones a un supuesto "mundo civilizado" o a una "conciencia moral del mundo", que tan frecuentemente hacen su cómica aparición en las cartas al director de "The Times"). Al advertirlas nos quedamos perplejos. Esa conducta ¿significa un error o una ficción deliberada? ¿Es inocencia o es táctica? No sabemos a qué atenernos, porque en el hombre anglosajón la función de expresarse, de "decir", acaso represente un papel distinto que en los demás pueblos europeos. Pero sea uno u otro el sentido de ese comportamiento, temo que sea funesto para el pacifismo. Es más, habría que ver si no ha sido uno de los factores que han contribuido al desprestigio de las vigencias europeas el peculiar uso que de ellas ha solido hacer Inglaterra. La cuestión deberá algún día ser estudiada a fondo, pero no ahora ni por mí.

Ello es que el pacifista necesita hacerse cargo de que se encuentra en un mundo donde falta o está muy debilitado el requisito principal para la organización de la paz. En el trato de unos pueblos con otros no cabe ya recurrir a instancias superiores, porque no las hay. La atmósfera de sociabilidad en que flotaban y que, interpuesta como un eter benéfico entre ellos, les permitirá comunicarse suavemente, se ha aniquilado. Quedan, pues, separados y frente a frente. Mientras hace treinta años, las fronteras eran para el viajero poco más que colores imaginarios, todos hemos visto cómo se iban rápidamente endureciendo, convirtiéndose en materia córnea, que anulaba la porosidad de las naciones y las hacía herméticas. La pura verdad es que, desde hace años. Europa se halla en estado de guerra -adviértase, yo decía eso en 1937- sustancialmente más radical que en todo su pasado. Y el origen que he atribuido a esta situación me parece confirmado por el hecho de que no solamente existe una guerra virtual entre los pueblos, sino que dentro de cada uno hay, declarada o preparándose, una grave discordia. Es frívolo interpretar los regímenes autoritarios del día como engendrados por el capricho o la intriga. Bien claro está que son manifestaciones ineludibles del estado de guerra civil en que casi todos los países se hallan hoy. Ahora se ve cómo la "cohesión interna de cada nación" se nutría en buena parte de las vigencias colectivas europeas.

Esta debilitación subitánea de la comunidad entre los pueblos de Occidente equivale a un enorme distanciamiento moral. El trato entre ellos es dificilísimo. Los principios comunes constituían una especie de lenguaje que les permitía entenderse. No era, pues, tan necesario que cada pueblo conociese bien y "singulatim" a cada uno de los demás.

TÉCNICA, ESPACIO E INFORMACIÓN

Ese distanciamiento moral se complica peligrosamente con otro fenómeno opuesto, que es el que ha inspirado de modo concreto todo ese artículo. Me refiero a un gigantesco hecho cuyos caracteres convendría precisar un poco. No puedo ahora sino levemente sugerirlos.

Desde hace casi un siglo se habla de que los nuevos medios de comunicación -desplazamiento de personas, transferencia de productos y transmisión de noticias- han aproximado los pueblos y unificado la vida en el planeta. Mas, como suele acaecer, todo este decir era una exageración. Casi siempre las cosas humanas comienzan por ser leyendas y sólo más tarde se convierten en realidades. En este caso, bien claro vemos hoy que se trataba sólo de una entusiasta anticipación.. Algunos de los medios que habían de hacer efectiva esa aproximación existían ya en principio -vapores, ferrocarriles, telégrafo, teléfono-. Pero ni se había aún perfeccionado su invención ni se habían puesto ampliamente en servicio, ni siquiera se habían inventado los más decisivos, como son el motor de explosión y la radiocomunicación. El siglo XIX, emocionado ante las primeras grandes conquistas de la técnica científica, se apresuró a emitir torrentes de retórica sobre los "adelantos", el "progreso material", etc. De suerte tal que, hacia su fin, las almas comenzaron a fatigarse de esos lugares comunes, a pesar de que los creían verídicos, esto es, aunque habían llegado a persuadirse de que el siglo XIX había, en efecto, realizado ya lo que aquella fraseología proclamaba. Esto ha ocasionado un curioso error de óptica histórica que impide la comprensión de muchos conflictos actuales. Convencido el hombre medio de que la centuria anterior era la que había dado cima a los grandes adelantos, no se dio cuenta de que la época sin par de los inventos técnicos y de su realización ha sido estos últimos cuarenta años. El número e importancia de los descubrimientos y el ritmo de su efectivo empleo en esa brevísima etapa supera con mucho a todo el pretérito humano tomado en conjunto. Es decir, que la efectiva transformación técnica del mundo es un hecho recentísimo y que ese cambio está produciendo ahora -ahora y no desde hace un siglo- sus consecuencias radicales. Y esto en todos los órdenes. No pocos de los profundos desajustes en la economía actual vienen del cambio súbito que han causado en la producción estos inventos; cambio al cual no ha tenido tiempo de adaptarse el organismo económico. Que una sola fábrica sea capaz de producir todas las bombillas eléctricas o todos los zapatos que necesita medio continente es un hecho demasiado afortunado para no ser, por lo pronto, monstruoso. Esto mismo ha acontecido con las comunicaciones. De pronto y de verdad, en estos últimos años recibe cada pueblo, a la hora y al minuto, tal cantidad de noticias y tan recientes sobre lo que pasa en los otros, que ha provocado en él la ilusión de que, en efecto, está en los otros pueblos o en su absoluta inmediatez. Dicho en otra forma: para los efectos de la vida pública universal, el tamaño del mundo súbitamente se ha contraído, se ha reducido. Los pueblos se han encontrado de improviso dinámicamente más próximos. Y esto acontece precisamente a la hora en que los pueblos europeos se han distanciado moralmente más.

¿No se advierte, desde luego, lo peligroso de semejante coyuntura? Sabido es que el ser humano no puede sin más ni más, aproximarse a otro ser humano. Como venimos de una de las épocas históricas en que la aproximación era aparentemente más fácil, tendemos a olvidar que siempre fueron menester grandes precauciones para acercarse a esa fiera con veleidades de arcángel que suele ser el hombre. Por eso corre a lo largo de toda la historia la evolución de la técnica de la aproximación, cuya parte más notoria y visible es el saludo. Tal vez, con ciertas reservas, pudiera decirse que las formas del saludo son función de la densidad de población, por tanto, de la distancia normal a que están unos hombres de otros. En el Sahara cada "tuareg" posee un radio de soledad que alcanza bastantes millas. El saludo del "tuareg" comienza a cien yardas y dura tres cuartos de hora. En la China y el Japón, pueblos pululantes, donde los hombres viven, por decirlo así, unos encima de otros, nariz contra nariz, en compacto hormiguero, el saludo y el trato se han complicado en la forma más sutil y compleja técnica de cortesía, tan refinada que al extremo-oriental le produce el europeo la impresión de ser un grosero e insolente, con quien, en rigor, sólo el combate es posible. En esa proximidad superlativa todo es hiriente y peligroso; hasta los pronombres personales se convierten en impertinencias. Por eso el japonés ha llegado a excluirlos de su idioma y en vez de "tú" dirá algo así como "la maravilla presente" y en lugar de "yo" hará una zalema y dirá "la miseria que hay aquí".

Si un simple cambio de la distancia entre dos hombres comporta parejos riesgos, imagínese los peligros que engendra la súbita aproximación entre los pueblos sobrevenida en los últimos quince o veinte años. Yo creo que no se ha reparado debidamente en este nuevo factor y que urge prestarle atención.

Se ha hablado mucho estos meses de la intervención o no intervención de unos Estados en la vida de otros países. Pero no se ha hablado, al menos con suficiente énfasis, de la intervención que hoy ejerce de hecho la opinión de unas naciones en la vida de otras, a veces muy remotas. Y ésta es hoy, a mi juicio, mucho más grave que aquella. Porque el Estado es, al fin y al cabo, un órgano relativamente "racionalizado" dentro de cada sociedad. Sus actuaciones son deliberadas y dosificadas por la voluntad de individuos determinados -los "hombres políticos"- a quienes no puede faltar un mínimo de reflexión y sentido de la responsabilidad. Pero la opinión de todo un pueblo o de grandes grupos sociales es un poder elemental irreflexivo e irresponsable que además ofrece, indefenso, su inercia al influjo de todas las intrigas. No obstante, la opinión pública "sensu stricto" de un país cuando opina sobre la vida de su propio país tiene siempre "razón", en el sentido de que nunca es incongruente con las realidades que enjuicia. La causa de ello es obvia. Las realidades que enjucia son lo que efectivamente ha pasado el mismo sujeto que las enjuicia. El pueblo inglés, al opinar sobre las grandes cuestiones que afectan a su nación, opina sobre hechos que le han acontecido a él, que ha experimentado en su propia carne y en su propia alma, que ha vivido y, en suma, son él mismo. ¿Cómo va, en lo esencial, a equivocarse? La interpretación doctrinal de esos grandes hechos podrá dar ocasión a las mayores divergencias teóricas y éstas suscitar opiniones partidistas sostenidas por grupos particulares; mas por debajo de esas discrepancias "teóricas" los hechos insofisticables, gozados o sufridos por la nación, precipitan a ésta en una "verdad" vital que es la realidad histórica misma y tiene un valor y una fuerza superiores a todas las doctrinas. Esta "razón" o "verdad" vivientes que, como atributo, tenemos que reconocer a toda auténtica "opinión pública" consiste, como se ve, en su congruencia. Dicho con otras palabras, obtenemos esta proposición: es máximamente improbable que en asuntos graves de su país la "opinión pública" carezca de la información mínima necesaria para que su juicio no corresponda orgánicamente a la realidad juzgada. Padecerá errores secundarios y de detalle, pero tomada con actitud macroscópica no es verosímil que sea una reacción incongruente con la realidad, inorgánica respecto a ella y, por consiguiente, tóxica.

Estrictamente lo contrario acontece cuando se trata de la opinión de un país sobre lo que pasa en otro. Es máximamente probable que esa opinión resulte en alto grado incongruente. Al pueblo A piensa y opina desde el fondo de sus propias experiencias vitales, que son distintas del pueblo B. ¿Puede llevar esto a otra cosa que al juego de los despropósitos? He aquí, pues, la primera causa de una inevitable incongruencia que sólo podría contrarrestarse merced a una cosa muy difícil, a saber: una información suficiente. Como aquí falta la "verdad" de lo vivido, habría que sustituirla con una verdad de conocimiento.

Hace un siglo no importaba que el pueblo de los Estados Unidos se permitiese tener una opinión sobre lo que pasaba en Grecia y que esa opinión estuviese mal informada. Mientras el Gobierno americano no actuase esa opinión era inoperante sobre los destinos de Grecia. El mundo era entonces "mayor", menos compacto y elástico. La distancia dinámica entre pueblo y pueblo es tan grande que, al atravesarla, la opinión incongruente perdía su toxicidad. (Añádase que en esas opiniones jugaban siempre gran papel las vigencias comunes a todo Occidente.) Pero en estos últimos años los pueblos han entrado en una extrema proximidad dinámica y la opinión, por ejemplo, de grandes grupos sociales nortemaricanos está interviniendo de hecho - directamente como tal opinión, y no su Gobierno- en la guerra civil española. Lo propio digo de la opinión inglesa.

Nada más lejos de mi pretensión que todo intento de podar el albedrío a ingleses y americanos, discutiendo su "derecho" a opinar lo que gusten sobre cuanto les plazca. No es cuestión de "derecho" o de la despreciable fraseología que suele ampararse en ese título; es una cuestión simplemente de buen sentido. Sostengo que la ingerencia de la opinión pública de unos países en la vida de los otros es hoy un factor importante, venenoso y generador de pasiones bélicas, porque esa opinión no está aún regida por una técnica adecuada al cambio de distancia entre los pueblos.

LA INTIMIDAD DE LAS NACIONES

Representémonos esquemáticamente, a fin de entenderla bien, la complicación del proceso que tiene lugar. Las noticias que el pueblo A recibe del pueblo B suscitan en él un estado de opinión -sea de amplios grupos o de todo el país-. Pero como esas noticias le llegan hoy con superlativa rapidez, abundancia y frecuencia esa opinión no se mantiene en un plano más o menos "contemplativo", como hace un siglo, sino que irremediablemente, se carga de intenciones activas y toma desde luego, un carácter de intervención. Siempre hay, además, intrigantes que, por motivos particulares, se ocupan deliberadamente en hostigarla. Viceversa, el pueblo B recibe también con abundancia, rapidez y frecuencia noticias de esta opinión lejana, de su nerviosidad, de sus movimientos, y tiene la impresión de que el extraño, con intolerable impertinencia, ha invadido su país, que está allí, cuasi-presente, actuando. Pero esta reacción de enojo se multiplica hasta la exasperación porque el pueblo B advierte, al mismo tiempo, la incongruencia entre la opinión de A y lo que en B efectivamente ha pasado. Ya es irritante que el prójimo pretenda intervenir en nuestra vida, pero si además revela ignorar por completo nuestra vida su audacia provoca en nosotros frenesí.

Y me parecería vano objetar que esas intervenciones irritan a una parte del pueblo intervenido, pero complacen a la otra. Esta es una observación demasiado obvia para que sea verídica. La parte del país favorecida momentáneamente por la opinión extranjera procurará, claro está, beneficiarse de esta intervención. Otra cosa fuera pura tontería. Mas por debajo de esa aparente y transitoria gratitud corre el proceso real de lo vivido por el país entero. La nación acaba por estabilizarse en "su verdad", en lo que efectivamente ha pasado y ambos partidos hostiles coinciden en ella, declárenlo o no. De aquí que acaben por unirse contra la incongruencia de la opinión extranjera. Esta sólo puede esperar agradecimiento perdurable en la medida en que, por azar, acierte o sea menos incongruente con esa viviente "verdad". Toda realidad desconocida prepara su venganza. No otro es el origen de las catástrofes en la historia humana. Por eso será funesto todo intento de desconocer que un pueblo es, como una persona, aunque de otro modo y por otras razones, una intimidad -por tanto, un sistema de secretos que no puede ser descubierto, sin más, desde fuera-. No piense el lector en nada vago ni en nada místico. Tome cualquier función colectiva, por ejemplo la lengua. Bien notorio es que resulta prácticamente imposible conocer íntimamente un idioma extranjero, por mucho que se le estudie. Y ¿no será una insensatez creer cosa fácil el conocimiento de la realidad política de un país extraño?

Sostengo, pues, que la nueva estructura del mundo convierte los movimientos de la opinión de un país sobre lo que pasa en otro -movimientos que antes eran casi inocuos- en auténticas incursiones. Esto bastaría a explicar por qué, cuando las naciones europeas parecían más próximas a una superior unificación, han comenzado repentinamente a cerrarse hacia dentro de sí mismas, a hermetizar sus existencias, las unas frente a las otras, y a convertirse las fronteras en escafandras aisladoras.

Yo creo que hay aquí un nuevo problema de primer orden para la disciplina internacional, que corre paralelo al del derecho. Como antes postulábamos una nueva técnica jurídica, aquí reclamamos una nueva técnica de trato entre los pueblos. En Inglaterra ha aprendido el individuo a guardar ciertas cautelas cuando se permite opinar sobre otro individuo. Hay la ley del libelo y hay la formidable dictadura de las "buenas maneras". No hay razón para que no sufra análoga regulación la opinión de un pueblo sobre otro.

Claro que esto supone estar de acuerdo sobre un principio básico. Sobre éste: que los pueblos, que las naciones existen. Ahora bien: el viejo y barato "internacionalismo", que ha engendrado las presentes angustias pensaba, en el fondo, lo contrario. Ninguna de sus doctrinas y actuaciones es comprensible si no se descubre en su raíz el desconocimiento de lo que es una nación, y de que eso que son las naciones constituye una formidable realidad situada en el mundo y con que hay que contar. Era un curioso internacionalismo aquel que en sus cuentas olvidaba siempre el detalle de que hay naciones.

Nacionalismo y cosmopolitismo

Tengo la impresión de que, inclusive en Alemania, se leen las páginas que estos sus pensadores del siglo XIX dedican a temas políticos, como es éste de la nación, resbalando sobre ellas, sin tomarlas en serio. Por eso ha sido obligado agregar esta larga glosa mía a la simple afirmación de Adam Müller que califica el Estado nacional como una persona, a fin que se vea que tal frase no es sólo una frase, sino una genuina verdad política. Porque mi ensayo de la "Nineteenth Century" fue provocado por preocupaciones políticas mías del género más concreto y práctico. Lo acontecido desde 1937 a la fecha en que escribo confirma con reboso, me parece, mis lucubraciones de entonces. No es necesario decir que ningún inglés ha hecho ni entonces ni hasta hoy el menor comentario sobre aquellas páginas mías aparecidas en una de las revistas británicas más estimables y estimadas. Claro es que yo no soy suficientemente "negro" para que los ingleses me tomen en consideración. Cuando, por azar, tropiezan con algunos de mis vagabundos escritos salen de él rebotados. Mi manera tipográfica de ser, quiero decir mi estilo, les irrita profundamente. Yo sé muy bien por qué, pero no es esta ocasión para aventar el secreto. Lo curioso es que a mi me pasa los mismo a menudo con libros ingleses: "me donnet sur les nerfs", me sacan de quicio. La decidida voluntad tan frecuente en el intelectual inglés de no enterarse bien de las cosas inicia en mi una "angina pectoris".

Aquellas páginas mías, pese a su "snobización" por los lectores británicos, hacen ver con alguna evidencia que el Estado nacional es, en efecto, una persona porque es una intimidad. Adam Müller es una figura de segundo orden y, sin embargo, se hallan en él pensamientos de primer orden como ese y otros. Sin duda la cosa la había aprendido en el gigante Burke, uno de los hombres más inteligentes que han deambulado sobre la corteza del planeta mas que, por lo mismo, es hoy desatendido si no menospreciado por los ingleses. Porque el ser inteligente "no se lleva" hoy en las Islas Británicas como "no se lleva" el "mac-ferlan". Desde hace medio siglo se persigue allí sin cuartel a todo el que es "Cléber" y aunque, como siempre lo que hacen los ingleses, tiene ello una punta de razón, no parece que esa cruzada a fondo contra la "grumption" haya conquistado para Inglaterra el Jerusalem de su felicidad.

Burke no distinguía aún con acuidad lo que es Nación y lo que es Estado, si bien ve que el Estado en nuestro Occidente "es" propiamente "si" es nacional, y la Nación sólo llega a ser plena y propiamente Nación si consigue ser Estado. Adam Müller, mucho menos "Cléber" que Burke, da, sin embargo, un paso más, ese pasito que suelen dar los discípulos. Por eso define certeramente la "nacionalidad", se entiende, en su forma plenaria, como "armonía, mutualidad, reciprocidad entre los intereses privados y los públicos". La expresión es un tanto abstrusa, pero yo creo hacer patente su sentido si digo: lo público o estatal sólo está en armonía con lo personal o privado cuando el principio en que consiste el

Estado, que es el poder "social" (público) sobre los individuos, coincide con la sustancia colectiva de éstos, con lo que éstos son. El individuo inglés o francés o alemán solo puede coincidir con el Estado si éste se siente y sabe y declara como el poder público de y para los hombres ingleses, franceses o alemanes. Es, pues, lo mismo que Boyen, ministro de la guerra hacia 1830, dirá: La esencia de la nacionalidad en el orden político es "díe Ubereinstimmung das Volver mit seiner Regierung", "la coincidencia del pueblo con su gobierno".

Desde Müller la idea de Nación en Alemania ha madurado ya del todo y significará "Estado nacional" o Nacionalisdad "sensu stricto". Lo cual no quiere decir que no hubiese todavía quienes se opusiesen a la fusión de ambas ideas, a saber, los conservadores románticos, como Haller y sus semidiscípulos de la "Berliner Politische Zeitschrift" que aún en 1832 escribirán: "No hay Estados Nacionales". Que Ferlach y congéneres pensasen así no puede extrañar, querían perpetuar el "antiguo régimen", los derechos personales de Reyes, príncipes, nobles y no podían admitir que la Nación, una realidad impersonal, tuviese derecho como tal a ser Estado (Meinecke, 246/247). Luden en 1914 acuñará el concepto y la doctrina definitivamente (Meinecke, 212). Pero ni siquiera el haber llegado de modo resuelto a la última claridad sobre la Nación y ver a la suya ya cubierta con la quitina aisladora y como impermeable que es el estado, impide que este su nacionalismo sea hermético. Siguen viendo, como algo esencial, y que va de suyo, el fondo del concierto europeo, como condición para su propio Estado Nacional. Las dos ideas dominantes después de 1815 - resumo en esta forma lo que Meinecke nos cuenta- son éstas: 1º. La nación alemana como la más pura noción del espíritu y la cultura, es la "menschheitsnation". 2º. Es preciso crear una liga universal de Estados europeos. Seguimos, pues, ante gentes que son nacionalistas porque son cosmopolitas y universales. De aquí que el más extremo de ellos, Müller, diga cosas como ésta: "La grande federación de pueblos europeos, que vendrá tan ciertamente como que ahora vivimos, llevará también colores alemanes, porque todo lo grande, serio y eterno de las instituciones europeas es, claro está, alemán". (Meinecke, p. 155). Y más finamente aún, este hombre que valía en su tiempo como un extremista del nacionalismo y que en estos últimos años era considerado como un precursor del hipernacionalismo, nos revela su concepción completamente diáfana de que la diferencia entre las naciones occidentales y las antiguas Ciudades-Estado estriba en que aquellas no pueden existir sino referidas a un fondo común europeo, como los arroyos de un paisaje nos transfieren a la cuenca fluvial donde se originan y que rige últimamente el aparente azar de sus meandros y sesgo curvo.

III

OTROS ENSAYOS SOBRE PROBLEMAS DEL HOMBRE CONTEMPORÁNEO

PASADO Y PORVENIR PARA EL HOMBRE ACTUAL

Se trata por lo visto, de intentar esclarecer un poco la estructura del hombre actual. Formulado así, el problema es insoluble, porque el hombre actual, propiamente hablando, no existe. Y no existe el actual por la sencillísima razón de que el hombre, asi, sin más, no existe, y el atributo cronológico "actual" no basta para insuflarle realidad. El hombre es una abstracción, sin duda útil. Las abstracciones son aparatos mentales que construimos para mirar las cosas que son siempre concretísimas. Hoy voy a usar con abundancia este esquema -el hombre- pero no significando con ese nombre y esa noción la realidad que intentamos ver, que deseamos aclararnos, sino empleándola como la lupa conceptual que nos facilita la visión.

El hombre, como anticipó genialmente Montaigne, es, en efecto, una realidad "ondulante y diversa". No es que cambie como todas las demás cosas que hay en el mundo, sino que es cambio, sustancial cambio. La expresión es irritante, es paradójica; pero si nos movemos en la tradicional terminología es inevitable. Aristóteles inventó la noción de sustancia para subrayar y hacer ver claramente que los cambios de las cosas son superficiales y que tras ellos la cosa permanece inmutable, eternamente igual a sí misma. Pero al Hombre no le pasa esto.

Para los efectos de la técnica intelectual, esto es, de cómo hay que arreglárselas si se quiere ver bien una realidad, lo más importante que sobre el hombre y todo lo humano hay que decir es que nada en él, absolutamente nada, está exento de cambio; hasta el punto de que si algo en el hombre se presenta con carácter estadizo e inmutable, basta esto para inferir que pertenece a lo que en el hombre no es humano.

Si el sistema corporal del hombre es el mismo hoy y hace veinte mil años -cuando los artistas de la cueva de Altamira dibujaban sus bisontes-, quiere decirse que el cuerpo no es lo humano en el hombre. Es lo que tiene de antropoide. Su humanidad, en cambio, no posee un ser fijo y dado de una vez para siempre. Por eso ha fracasado tan rotundamente en su estudio del hombre la ciencia natural a través de dos siglos de ensayos.

Y no tiene duda que una de las más sugestivas cuestiones consiste en preguntarse cómo aconteció que una cierta especie animal, instalada como las demás en el escenario de la Naturaleza, se desencajó de esta, se hizo casi incompatible con la Naturaleza. Esta especie extravagante, desnaturalizada, es el Hombre. Sobre el asunto tendría algo que decir; y hace un par de semanas lo he dicho en Darmstadt, ante un auditorio de personas dedicadas a profesiones técnicas, arquitectos, ingenieros, etc.

La ciencia natural, sea la física o las ciencias homólogas, buscan, claro está, en el ser humano, lo que buscan en los demás seres: su "naturaleza". Esta es el principio estable de las variaciones, lo que permanece idéntico a través de las mudanzas. En la ciencia contemporánea ese principio invariable en toda realidad física se ha sutilizado hasta reducirse a la "ley". La ley, la ley natural, es lo que permanece y a la vez define las variaciones. El positivismo, que quieras que no, en su destrucción de la vieja y noble idea de la "natura" que formuló Aristóteles, y tras él los estoicos, no tuvo más remedio que conservar, cuando menos, su espectro: el postulado de la invariabilidad de las leyes de la Naturaleza. Es todo lo que había sobrevivido de esta gran idea.

Ahora bien: resulta que el hombre no tiene naturaleza: nada en él es invariable. En vez de naturaleza tiene historia, que es lo que no tiene ninguna otra criatura. La historia es el modo de ser propio a una realidad cuya sustancia es precisamente la variación; por lo tanto, lo contrario de toda sustancia. El hombre es insustancial. ¡Qué le vamos a hacer! En ello estriba su miseria y su esplendor. Al no estar adscrito a una consistencia fija e inmutable -a una "naturaleza"-, está en franquía para ser, por lo menos para intentar ser, lo que quiera. Por eso el hombre es libre y... no por casualidad. Es libre porque no poseyendo un ser dado y perpetuo no tiene más remedio que írselo buscando. Y esto -lo que va a ser en todo futuro inmediato o remoto- tiene que elegirlo y decidirlo él mismo. De suerte que es libre el hombre... a la fuerza. No es libre de no ser libre. De otro modo al dar un paso se quedaría paralítico, porque nadie le ha resuelto en qué dirección va a dar el próximo, como lo es dado resuelto a la piedra lo que va a hacer si la soltamos en el aire. El hombre es, con frecuencia sobrada, un asno, pero nunca el de Buridán.

Al no poseer el hombre "naturaleza" y carecer de ser fijo, ni él ni nada en él son cosa quieta. Consiste en pura movilidad y agilidad. Ahora es y hace tal cosa, porque antes fue e hizo tal otra, y para ser o hacer mañana otra tercera. Todo en él, pues, viene de algo y va a algo. Está siempre en viaje, "in vía", decían los teólogos medievales, sin darse bien cuenta de lo que decían.

Cuando miramos a un hombre o una época, la primera impresión que solemos tener -salvo en horas de melodramática aceleración, como son las extremas crisis históricas- es de algo quieto y fijo. Pero es, en parte, una ilusión óptica. Esa forma de vida relativamente quieta, contemplada en su real sentido íntimo, consiste en un venir de otra anterior y en un tender a otra posterior. Sólo la entendemos de verdad si nuestra pupila la acompaña en ese movimiento y camino que es; por tanto, si la mirada histórica evita detenerse sobre el hecho histórico y congelarlo, paralizarlo, petrificarlo, proyectando sobre él su propia inmovilidad. En vez de ello, la pupila del historiador tiene que trotar sin descanso, como el perro que nos acompaña, moviéndose del hecho que se estudia, hacia atrás y de él hacia delante, porque en su venir del antaño y en su ir al futuro es donde manifiesta sus auténticas vísceras, su efectiva realidad, lo que fue ese hecho positivamente para quien lo vivió.

Hasta donde hacia atrás y hasta donde hacia delante haya que recurrir para aclarar una situación o un hombre, es cosa que en cada caso habrá que determinar.

Los filósofos del siglo XVIII, que se creían enemigos de Aristóteles y de los escolásticos, pese a su petulancia, eran siervos de la gleba aristotélica. Creían que el Hombre es siempre el mismo bajo la pintoresca, abigarrada y extravagante variación de sus gesticulaciones históricas. Creían en la naturaleza del Hombre: por tanto, que éste tiene una "natura" -una "Phycis". Pero esto es lo que para Aristóteles era la "sustancia" de lo que se mueve, de lo que cambia. "Phycis", "natura", es la forma especial que la sustancia adopta en lo cambiante.

Pero, repito, el hombre no tiene una "physis", una naturaleza, como acaso la tienen el animal, la planta y el mineral.

Conviene advertir que fue Dilthey el primero en reconocer, más bien en descubrir, que es un error caracterizar al siglo XVIII como una edad antihistórica. Lejos de ello, fueron los hombres de esa centuria quienes descubrieron, uno tras otro, los componenetes para la óptica del historiador. Gracias a ellos, liberando la mente de los preconceptos que la impiden ver la realidad histórica, surge ésta ante ella, desnuda y palpitante. Mas por lo mismo que aquel siglo fue hallando uno a uno los componentes de esa nueva manera de ver -la óptica histórica-, no llegó a reunirlos y no pudo ejercitar la visión que él preparaba; no logró, en suma, entregarse de lleno y sin más a contemplar lo histórico como tal. Una causa había que se lo estorbó, y ésta es la única porción de verdad en el sumario juicio sobre su antihistorismo. El siglo XVIII es fiel a su maestro, el XVII, en la convicción de que el hombre posee últimamente una "naturaleza", un modo de ser definitivo, permanente, inmutable. El hombre es "razón" en su radical sustancia, y en tanto piensa, siente y quiere racionalmente, no es de ningún tiempo o lugar. Tiempo y lugar sólo pueden nublar, entorpecer la razón, ocultarle al hombre su propia racionalidad. Hay una religión natural -es decir, racional, idéntica a sí misma bajo todas sus deformaciones históricas-. Hay un derecho natural y un arte esencial y una ciencia única e invariable. Hay una política única y ejemplar, la que la Asamblea Constituyente de Francia, en la hora culminante de su enorme Revolución dictará a todos los pueblos y todos los tiempos. Pero esto es declarar que la verdadera "naturaleza" humana no es histórica, que, antes bien, las formas de los histórico son, en rigor, deformaciones del hombre.

Este residuo del siglo XVII anula, a la postre, para los mismos espíritus que la descubrieron, la "conciencia histórica", y hace que no se detengan en las variaciones humanas patentes a sus ojos, sino que raudamente las atraviesen buscando tras ellas el Hombre sustancial e invariable. La forma histórica, repito, es percibida; pero a la vez es anulada porque la pensaban como simple deformación de lo humano.

Mas de que la realidad humana sea cambiante -y subrayo la palabra "realidad"-, de que el hombre sea siempre distinto y otro, no se sigue que no podamos hablar de él con suficiente generalización.

La física habla de las realidades cósmicas con enérgica precisión. Sin embargo, sus enunciaciones sobre las cosas, sobre lo concreto, es lo que se llama "leyes físicas", que son proposiciones generales. Ahora bien, la ley es una ecuación. Pero recordemos la advertencia elementadle que una ecuación, por sí, no nos dice nada sobre ninguna cosa, precisamente porque pretende darnos la clave general sobre lo que, acerca de cada realidad concreta, hay que decir. En la ecuación hay algunos números, pero éstos son lo menos importante de ella. Lo más importante son las letras que contiene: x, y, z. Estas letras son en la cuenta aritmética, que la ecuación pretende representar, lo que llaman los matemáticos "lugares vacíos", que es menester llenar en cada caso con las cifras precisas que los experimentos nos entregan. Entonces y sólo entonces, cuando la ecuación deja de ser una mera forma y una invitación a que llenemos sus lugares vacíos con las cifras oportunas, deja la ecuación de ser algo algebráico y abstracto para convertirse en rigorosísima definición de una realidad. Todo esto es, repito, elementalísima advertencia.

Apliquémoslo a nuestro hablar no de la realidad cósmica, sino de la realidad humana, y tendremos lo siguiente. Si yo digo: el Hombre es siempre distinto y otro, por tanto, una realidad individualísima, parece que he cometido un contrasentido porque he hecho una afirmación general sobre el hombre cuyo contenido consiste en afirmar que sobre el hecho real no se puede afirmar nada en general. Parece, pues, que estamos perdidos, y me recuerda lo que alguien decía de los generales, a saber: que generalmente los generales no tienen ideas generales.

Sin embargo, detengámonos un poco. Después de esta tesis, la más abstracta, según la cual el Hombre es siempre cambiante, distinto y otro, viene por ejemplo, esta otra: el Hombre, en cuanto vida humana, vive siempre -siempre, no cabe duda, pues, mayor generalización-, vive siempre desde y sobre ciertas determinadas creencias. Aquí empezamos a percibir cuál es el género de concepto, de noción que estas tesis generales sobre el Hombre poseen. Porque el sentido de estas palabras es invitarnos, ante cada hombre concreto y real que queremos comprender, a buscar cuáles son las precisas creencias de que vive. Y esto nos descubre que nuestras tesis generales son, ni más ni menos, ecuaciones con "lugares vacíos" que somos invitados a llenar con precisiones en cada caso. No hay, pues, contrasentido, como no lo hay en las leyes, esto es, ecuaciones de la física.

La noción "Hombre", pues, contiene todo un sistema de ecuaciones cuyo título podía ser éste: "Teoría de la vida humana". Toda teoría es, claro está, general, y, por tanto, el Hombre de que habla no es una realidad, sino la expresión puramente formal de las dimensiones y contenidos que integran toda vida humana real, y que nos permiten en cada caso precisar sus estructura concreta.

De modo, señores, que para atacar un poco en serio la cuestión que en estas "Recontres" nos ha sido propuesta no tenemos otro camino o método que éste: partir de una "Teoría general de la vida" cuyo nombre más natural debía ser "Biología" si Lamarck no lo hubiera inventado y acotado para lo que, en rigor, debiera llamarse "Zoología" -no sabía griego e ignoraba que "bios", como "zoé", vida orgánica, sino conducta del ser viviente, por tanto, digamos biografía-; partir pues, de una teoría general de la vida humana que nos proporciona la estructura abstracta de toda existencia individual humana e ir llenando sus "lugares vacíos", ir concretando sus ecuaciones hasta llegar a la única auténtica y plenaria realidad que es "estos hombres" y "estas mujeres"; es decir, estas personas que estamos ahora aquí. (Mas la persona es, a la vez, siempre vida individual y vida colectiva.

Cada uno de nosotros está hecho, en la mayor porción de sí mismo, de la colectividad en que ha nacido y en que pervive, está informado por ella).

En esa progresiva concretización, la abstracta noción "hombre" va dejando de ser ecuación formal y convirtiéndose en definición realista. Esa definición última que traduce en conceptos -los cuales son siempre generales- el ser de una persona, se llama "biografía"; a mi juicio, el género literario supremo, pero del cual no existe todavía un ejemplo. Esto manifiesta que no concuerdo con Aristóteles, con los escolásticos ni, en general con la tradición filosófica que han gritado siempre ididuum ineffabile. Creo poco, no creo casi nada en inefabilidades.

De un objeto estúpido como es un icosaedro se pueden decir muchas cosas con pocas palabras. Lo propio acontece con el átomo. Hace pocos días, hablando con el más genial físico actual (que no es Einstein) le expresaba mi sospecha de que la materia debe ser una realidad bastante tonta cuando tan fácilmente se ha dejado capturar por los físicos. Pero una persona es asunto mucho más complejo y rico de contenido que el átomo o el icosaedro porque es mucho más real. De aquí que hablar de algo humano -sea lo que sea- es mucho más prolijo y exige muchas más palabras.

El ideal sería que yo pudiese hablar ahora de cada uno de ustedes; pero, claro está, me es imposible, porque, primero, no tengo relación personal con casi ninguno, y segundo, porque aun dado que los conociese sería el cuento de nunca acabar. Todo conocimiento histórico es, en verdad, el cuento de nunca acabar.

Sin embargo, la posibilidad de hablar sobre cada uno de ustedes, si bien impracticable por dificultades externas, sobre todo por el excesivo tiempo que reclamaría, no es ni mucho menos utópica. Bastaría con que cada uno respondiese a una pregunta, a la vez general e individual -como todo decir sobre lo humano-, que voy a hacerles a boca de jarro. Como dirijo la pregunta sin solicitar de ustedes que me respondan y mi pregunta queda ineficiente, aséptica y disuelta en el aire, pierde el carácter impertinente que de otro modo tendría.

Mi pregunta es ésta: ¿por qué cada uno de ustedes está ahora aquí? La cosa es más grave de lo que al pronto parece. Pues acontece que no están ahí porque han sido mecánicamente proyectados a este lugar como la bala que un cañón dispara, ni como el astro que en cada instante tiene inexorablemente que ocupar un punto de su órbita. No, cada uno de ustedes está ahora ahí porque ha venido, es decir, porque se ha traído a sí mismo en virtud de una libre resolución decidida hace unas semanas o hace unos minutos -la resolución de ocupar, esto es, de llenar esta hora de su vida en esta exclusiva y problemática forma: oír la conferencia de un pequeño señor español que tiene cara de viejo torero.

Ahora bien, esto es lo que resulta más grave de lo que parece. Porque las horas de su vida están contadas. Son muy pocas y cada una insustituible, de suerte que si gastar de ese modo esta hora resultase injustificado, algo con poco o ningún sentido dentro de la trayectoria de su existencia, equivaldría a que usted ha estrangulado ese pedazo insustituible de su vida, que lo ha asesinado, que ha cometido una fracción de suicidio. La cosa es incuestionable.

Pero donde más clara aparecería la importancia de la pregunta sería en las respuestas que ustedes me diesen, porque en ellas harían patente los motivos por los cuales han preferido esta ocupación de sus vidas -oírme- a cualquiera otra igualmente posible. En la enunciación por cada uno de ustedes de esos motivos se nos haría a todos patente, en un suficiente esquema, cuál ha sido el pasado de ustedes -bien entendido, tanto el personal como el colectivo- y con qué perfil se les presenta el futuro, y quien es en su inexorable verdad cada uno de ustedes. Y si alguno de ustedes dijera que no ha venido aquí por razón alguna importante ni porque le interese oír una conferencia más, en este mundo actual en que las conferencias pululan como infusorios multitudinarios, sino simplemente porque sabían que venían a ella las gentes, ese nos entregaría con ello, no menos que otros, el secreto de su ser personal, después de todo uno de los modos de ser hombre más frecuentes y conocidos. En España le llamamos "Vicente, que va donde va la gente". No hay por donde escaparse: sobre la minúscula resolución que representa haber decidido venir a oírme, se insertan, como en un punto dos conos, todo el pasado de ustedes y todo lo que en este momento les es el porvenir, por lo tanto, las dos grandes dimensiones de destino que integran nuestras vidas.

Porque la vida humana es, en todo momento, una ecuación entre pasado y porvenir. He aquí otra tesis general que surge en la teoría de la vida. Pero ésta va a parecernos menos abstrusa que las anteriores, nos va a conmover, nos va a sacudir. Nada, en efecto, permite definir con mayor precisión y profundidad la estructura de cada hombre y, claro está, de cada época humana. El ensayo de determinar esa ecuación -a saber, qué es el pasado y qué es el futuro para el hombre de una cierta fecha- nos permite tomar a éste por sus entrañas mismas.

He aquí la razón de ello: la vida es una operación que se efectúa "hacia delante". Vivimos originariamente hacia el porvenir, proyectados hacia él. Pero el porvenir es lo más esencialmente problemático de cuanto hay, no podemos hacer pie en él, no tiene contorno fijo, bien definido perfil. ¿Y cómo podría ser de otro modo, puesto que todavía no es? El porvenir es siempre plural, está hecho de lo que puede ocurrir. Y pueden suceder una multitud de cosas muy diferentes incluso contradictorias. De ello se desprende este hecho paradójico, pero esencial en nuestra vida: que el único modo de orientarse en el porvenir para un hombre es hacerse cargo de lo que ha sido en el pasado, un pasado cuyo contorno es inequívoco, fijo e inmutable. De esta suerte, precisamente porque vivir es sentirse proyectado hacia el porvenir, éste, como un impenetrable muro, nos hace rebotar, recaer en el pasado, aferrarnos a él, hincar en él los talones, para retornar con él, de él hacia el porvenir para realizarlo. El pasado es el único arsenal que provee de medios para modelar nuestro porvenir. No sin motivo recordamos. He insistido, con frecuencia, en este tema: que nada de cuanto hacemos en la vida se hace sin razón, sin motivo. Recordamos el pasado porque esperamos el porvenir, nos acordamos en vista del porvenir.

Y ese rebote del porvenir hacia el pasado acontece en el hombre en todo momento, a propósito de las cosas más graves y de las más triviales. Cuando, dentro de un rato, al término de esta conferencia, se encuentren ustedes ante un futuro que consiste en abandonar esta sala, surgirá en su memoria el recuerdo de la puerta por donde han entrado.

Ahí tienen ustedes por qué ese pasado que somos no lo tenemos presente, no lo vemos sino en la medida y con la selección de él a que nuestro futuro nos invita, mejor dicho, nos fuerza. Se da, pues, la sorprendente paradoja de que la figura que el pasado nos presenta es la que el futuro nos aparece o, dicho en términos matemáticos, que nuestro pretérito es función de nuestro futuro como tal futuro; por tanto, como lo que aún no es, sino que consiste en pura urdidumbre de amenazas, temores y esperanzas. Cada vida humana es una ecuación cuyos términos son porvenir y pasado. Por eso, para entender de verdad a un hombre hay que ponerlo en ecuación, es decir, precisar, cuál es su actitud ante el futuro y ante el pasado. Y=pasado, función de X=futuro.

Esto, señores, pienso que hace ver claro por qué la ecuación pasado-futuro en cada hombre nos permite la más radical averiguación de su verdadera constitución. El hombre no tiene un pasado simplemente porque posea el mecanismo de la memoria y sea capaz de recordar. Ha sido siempre un error caracterizar al hombre por sus dotes, por sus capacidades. Todos conocemos individuos muy bien dotados para una actividad -poesía, matemáticas, negocios- que sin embargo no la ejercitan porque su vida está puesta a otras cosas, por ejemplo, a la pasión política, al deporte, o simplemente a divertirse. E inversamente: fue un craso error de Aristóteles querer explicar el hecho de que el hombre se ocupe en conocer, en producir las ciencias, por la sencilla razón de que posee ciertas actividades llamadas intelectuales, aptas para dar ese rendimiento: conocer. Es un craso error: primero porque la mayor parte de los hombres poseen esas actividades en dosis suficiente y, sin embargo no se ocupan en conocer. Segundo, porque es falso de toda falsedad que el hombre posea actividades capaces de lograr eso cuyo elevado nombre -conocimiento- nos es la gran promesa. Todo lo que ha conseguido obtener en esa dirección no es sino vagas aproximaciones, siempre vacilantes. Y, sin embargo, tenazmente el hombre se esfuerza para arrancar al universo su palpitante secreto.

No, el hombre no tiene pasado porque es capaz de recordar, sino, al contrario, ha desarrollado y adiestrado su memoria porque necesita del pasado para orientarse en la selva de posibilidades problemáticas que constituye el porvenir. Este es siempre lo primero en la vida humana. Todo lo demás es reacción ante el perfil que el porvenir nos presenta. De suerte tal, que el perfil determinado que el futuro muestra en cada momento nos hace ver el pasado con un determinado perfil. Por eso he dicho que se trata de una ecuación, y toda ecuación expresa una función en el sentido matemático de la palabra. En efecto, nuestro pasado es función de nuestro futuro.

El pasado lo tenemos. Es nuestro haber, nuestro tesoro. En él se han acumulado las experiencias humanas, se han capitalizado. Como ustedes saben por los estudios de Köhler, a los animales superiores no les falta eso que se llama inteligencia, pero tienen muy pocos recuerdos porque su futuro no les es suficientemente problemático, es decir, porque apenas tienen futuro. Esta escasez de recuerdos, de imágenes impide que su intelecto trabaje sobre suficiente material y entreteja complicadas combinaciones de ideas. El hombre, en cambio, es un capitalista de la memoria. Y no deja de ser gracioso que el marxismo consista en una teoría de la vida humana que es, de todas las anteriores a la mía, aquella en que la historia tiene un papel más fundamental; ahora bien, la historia es capitalismo de la reminiscencia.

No hay, pues, más remedio que definir al hombre como un ser cuya realidad primaria y más decisiva consiste en ocuparse de su futuro. Esta ocupación por adelantado con lo que aún no es, sino que amenaza ser en el instante próximo, es, por tanto, preocupación, y esto es, ante todo y por debajo de todo, la vida humana: pre-ocupación; o como mi amigo Heidegger ha dicho, trece años más tarde que yo, "Sorge, cura", es decir, preocupación.

El porvenir es lo aún indeciso, lo que no se sabe cómo va a ser, aunque de él se tienen siempre ciertas expectativas probables, pero vagas. Si el pasado es lo que poseemos, lo que tenemos, el futuro es, por esencia, lo indócil, lo que no está nunca en nuestra mano. Por eso, Victor Hugo afrontaba la excesiva seguridad en sí mismo del gran Napoleón -su petulancia; característica perenne de estos aventureros que son los dictadores, desde Cornelius Sylla-, la afrontaba, gritándole:

Non, l'avenir n'est à personne.
Sire, l'avenir n'est qu'à Dieu.

Pues aún en las épocas en que el porvenir se presenta con un aspecto relativamente claro y preestablecido en sus líneas generales, referido a la humanidad en general, nuestro porvenir personal es siempre aleatorio, inseguro. Por esto en su dimensión de futuro nuestra vida es esencial e irremediable inseguridad y, por lo mismo, si no queremos vivir cloroformizados por beaterios emolientes, tenemos obligación de mantener siempre contacto tenaz con este subsuelo de inseguridad que nos constituye. De aquí que yo adopte para mi uso interno la admirable divisa de aquel caballero borgoñón del siglo XV, que decía: "Rien ne m'est sûr que la chose incertaine". "Solo me es segura la inseguridad". ¡Lema bien adecuado a un bravo guerrero que vive de continuo en la batalla, cual es por excelencia lo inseguro!

En efecto, la víscera cordial y decisiva del problemático futuro es un poder máximo y terrible, un poder impersonal, irracional y trágicamente insensible que rige nuestros destinos personales. Este poder supremo es el azar. Últimamente, todo en nuestra vida individual -y esto es, ante todo, nuestra vida- depende del azar. Por eso los primitivos que no estaban como nosotros "sophisticated" -como dicen esos buenos de ingleses con su habitual pedantería específicamente británica-, por eso, los primitivos, que no estaban distraidos y cegados para lo decisivo en sus vidas por las ciencias que pretenden predecir el futuro -y lo predicen en parte, pero en general no nuestro personal futuro-, vieron en el azar el primer Dios -un Dios atroz sin alma, ciego, un Dios sin figura- al cual no tenía sentido dirigirse con la plegaria ni intentar sobornarlo con el sacrificio.

Frente a este pavoroso e irracional Dios, sólo cabía emplear otro poder irracional, automático, que lo subyuga: la magia. La magia -creían los primitivos- es la única forma posible de trato con el azar: el Dios tremendo que no tiene cara. Y todos, señores, conservamos por ello, muy justificadamente, residuos de aquella concepción mágica de la vida con la cual últimamente se afrontaba el porvenir. Son las supersticiones. Todos las tenemos. En qué consistan y cuál sea la forma del lógos mágico -porque es un lógos, un modo de pensar no menos respetable que el que los griegos inventaron y así llamaron- es cosa que no tengo ahora tiempo de esclarecer.

En nosotros, como he indicado, las supersticiones perduran sólo en forma residual. En su lugar poseemos otra fuerza no menos irracional que nos sirve como tope elástico en nuestro choque permanente con el azaroso destino. Esta fuerza es "la esperanza", maravillosa emanación humana perfectamente infundada y sin razón, gloriosamente arbitraria, que segregamos continuamente frente al albur que es todo mañana.

Lo dicho nos permite dar todo el sentido, a la vez grave y preciso, que tiene la pregunta enunciada en el título de esta conferencia. ¿Cómo ve el hombre actual y qué le son pasado y futuro, estos dos radicales y conjugados componentes de toda vida humana?

Para ver con alguna claridad lo que hoy nos pasa frente a pasado y futuro basta con que comparemos nuestra situación con la que vivía el hombre occidental del último tercio del siglo XIX, el hombre "fin de siécle" vestido de levita, cubierta la cabeza con la gran arquitectura de la chistera, con rígido cuello almidonado y corbata de plastrón. Este hombre -fuera lo que fuera, racionalista y "libre pensador" o cristiano de una u otra fe- creía a machamartillo en la idea del progreso, inventada por una de las figuras más delicadamente venerables y geniales, ante la cual todo buen europeo que sepa bien su "Europa" tiene que conmoverse: me refiero a monsieur de Turgot. Tal vez el momento culminante del alma europea hasta la fecha haya sido una breve etapa que voy a denominar con el mismo nombre, conmovedor también para quien pertenezca hondamente a la familia europea, que aparece una y otra vez en cartas y memorias francesas de pocos años después. Este tiempo, a la vez dulce y luminoso, a la vez aurora y medio día, es "le temps où Monsieur de Turgot était en Sorbonne".

Esta idea de que el hombre marcha hacia el futuro en inevitable progreso, como un astro a lo largo de su órbita, fue desarrollado por su discípulo Condorcet. En 8 de julio de 1793, el marqués de Condorcet era denunciado por François Chabot, ex fraile franciscano, perfecto canalla, gran estúpido y convicto concusionario. Se denunciaba a Condorcet "comme un prévenu de conspiration contre l'unité et l'individualité de la République". Chabot y los que acogieron esta denuncia y en vista de ella le condenaron a la prisión en que murió nueve meses después, eran los eternos imbéciles de la política que ni sabían lo que era República, ni unidad, ni indivisibilidad. Condorcet, al verse denunciado, se ocultó, encerrándose en casa de madame Vernet, y allí, en un rincón, escribió su "Esquisse d'un tableau historique des progres de l'esprit humain". Este libro era el evangelio de una nueva fe: la fe en el progreso. La idea del progreso había sido rigorosamente formulada por el gran Turgot, maestro de Condorcet, en 1750. Es la gran idea de que han vivido dos centurias. Según ella, es ineludible el avance de la Humanidad hacia formas de vida cada vez más satisfactorias y perfectas. Nunca, pues, se ha sentido una gran porción de la humanidad, todo Occidente, con un porvenir más seguro. La idea del progreso es, como "La Equitativa", una sociedad de seguros... filosófica. En esa fe ha sido educada toda mi generación.

Como esta idea pareció confirmarse con creces durante todo el siglo XIX, es comprensible que en la base de las almas se constituyese sólidamente la fe en ella. La fe, es decir, la absoluta convicción, es siempre ciega. No es una idea sino una creencia firme indiscutida e indiscutible. Toda fe, si lo es, es fe de carbonero.

Esta compacta fe trajo consigo que fuese aquella probablemente, la época, entre las bien conocidas, en que el futuro se ha presentado al hombre como relativamente menos problemático. Por eso la vida perdió entonces dramática tensión. El único fenómeno inquietante, pero aun no amenazador, era el crecimiento del movimiento obrero. Mas en aquellas fechas este hecho terrible que iba a ser una catástrofe histórica era todavía sólo, al menos predominantemente, un tema académico. Se le llamaba "la cuestión social" y se discutía larga y tranquilamente sobre si existía realmente o no, si esa cuestión era una cuestión económica o moral, pedagógica o violenta. El porvenir presentaba a aquellos europeos un perfil que era como una línea curva con leves indentaciones, que eran los pequeños problemas a la vista entonces. Como eran problemas menores, nada radicales, al volver el hombre "fin de siglo" su mirada al pretérito hallaba en él, con abundancia, modelos de solución que parecían suficientes para resolverlos. De aquí la complacencia de aquellos hombres, la voluptuosidad con que contemplaban morosamente el pasado. ¡Era una delicia encontrarse a su espalda un mundo riquísimo en modos de ser hombre, en formas de vida que parecían ejemplares! El hombre se sentíe heredero de una inmensa fortuna en modelos vitales. Se creía aún en la ejemplaridad de Grecia y de Roma. La democracia ateniense que dos generaciones antes había redescubierto el banquero Grote, les significaba un modelo de democracia, porque creían en la democracia como se cree en la virgen de Lourdes. Ni siquiera eran capaces de advertir que la democracia ateniense no ha tenido nunca nada que ver con las democracias contemporáneas de Occidente. Se creía en la tradición filosófica -en platón, en Aristóteles, en Descartes-. Los que necesitaban una filosofía encontraban a retaguardia muchas ejemplares, pulidas, resplandecientes y no tenían que hacer otra cosa que ponérselas. Esto fue en neokantismo, el neofichteanismo, el neotomismo. Y lo mismo en arte y en letras y en ciencia. La física era "la" física, la única, la perfecta e inquebrantable, la de Galileo y newton. La matemática era la perenne maravilla de la verdad perfecta e inmutable, etc. Lo propio encontraríamos si retrocediésemos un sglo atrás y diagnosticásemos, por ejemplo, la situación de un Goethe frente a pasado y porvenir, sólo que en él, que fue un gran iniciador de cosas nuevas, la definición es un poco más complicada. Goethe, cosa curiosa, era ciego para el futuro o, dicho en otros términos, el futuro apenas le era. Ni siquiera la Revolución francesa le inquietó mucho. En verdad que esto pasó a muchos en aquella generación. Sus posibles futuras consecuencias no perturbaban sus vidas; prueba -que puede en detalle hacerse- de que la famosa Revolución, en cuanto a sus principios, no representaba ninguna "peripetéia", peripecia en el sentido griego de la palabra, es decir, que no representaba un efectivo vuelco de la vida, una auténtica revolución. Y es que la transformación política y social que traía consigo, nacía pero dejaba intactas las convicciones establecidas, la estructura honda de la vida, la moral, la anatomía de la sociedad, los valores de la llamada civilización. Bajo el melodrama político, bajo la infatigable guillotina, el subsuelo vital permanecía intacto. Los principios de la llamada civilización europea continuaban en pleno vigor y parecían más que nunca inmarcesibles.

Tenemos, pues, el mismo dato que en el caso anterior y podemos elevar a "ley" histórica -la palabra ley entre comillas- la advertencia diciendo: en la medida que el futuro es emnos problemático, el hombre encuentra a su espalda un pasado más rico en valores aún vigentes, en ejemplaridades, en modelos. El hombre se siente relativamente tranquilo ante el porvenir porque se siente heredero de un magnífico pasado. Y esto es Goethe, por excelencia: heredero -heredero de todo el pasado occidental que empieza con homero y Praxiteles y llega hasta Spinoza y Cuvier. De aquí el lema que nos propone: "Lo que heredaste de tus mayores, conquístalo para poseerlo." ¿Curioso, no es cierto? A este hombre le preocupa tan poco el futuro y lo ve tan escasamente en cuanto faena que lo que nos recomienda como tarea es que nos apoderemos de nuestro pasado: lo que me recuerda aquella batalla entre españoles y portugueses en el siglo XVII, en que el ejército español, huyendo del portugués, resolvió tomar por asalto su propio campamento.

Como han visto, la idea del progreso viene al mundo en 1750, es decir, un año después de nacer Goethe. Es, pues, una idea hermana de él y Goethe la llevaba dentro mucho más fuertemente que mi generación. De esa creencia vivió siempre. Goethe no tuvo jamás en su horizonte de futuro la presencia azorante de las eventuales catástrofes. Y el caso es que en su tiempo las hubo: relativamente tan grandes como las que nosotros estamos viviendo, pero tenían para ellos, merced a ese fondo de seguridad que la fe en el progreso les proporcionaba, un valor meramente superficial.

El haz del mar se rizaba en procelas, pero Goethe creía que el abismo seguía y seguiría en profunda calma. Sin embargo, cuando no se limitaba a vivir en abandono, sino que, reobrando frente a sus creencias, pensaba, se oponía también a esa idea del progreso, pero no sabía bien cómo. La idea del progreso es, tal vez, la primera gran visión de lo humano como historicidad, como proceso, como constitutivo cambio. Es la alborada del "sentido histórico". Mas Goethe, como es sabido, era ciego para la historia y esa ceguera nos revela en qué enorme medida era un hombre del siglo XVIII. Goethe se opone a la ley natural del Progreso como ley constitutiva de la historia -según Turgot, Price, Priesley, Comte-, y no porque descubra otra fisonomía más auténtica en el proceso histórico, sino porque se resiste como Descartes y los puros racionalistas, a ver la vida humana como proceso. Muy al contrario, se esfuerza por verla como algo que es siempre en lo esencial invariable.

Goethe no sólo ve en lo humano una naturaleza invariable, insumisa al tiempo y como eterna, sino que prefiere verla transustancializada, sublimada, en suma, ejemplarizada. Este es el origen de su manía helenística. No es ocasión de entrar en este famoso helenismo de Goethe, tan ridículamente tratado por sus compatriotas. Pero hemos rozado su verdadero origen. Grecia, que ya de suyo tiende a ejemplarizar todo, a tornarlo paradigma -no se olvide que la función principal de las Ideas platónicas es ser modelo, causas ejemplares-, le sirvió como guardarropa para vestir y ver él mismo lo humano como ejemplaridad. Pero ello es que Grecia le fue, en efecto, modelo, y también el Renacimiento. Formas del pasado le sirvieron para afrontar el futuro. Por lo mismo que el porvenir para él y su tiempo ofrecía un mínimum de inseguridad y peligro, podían a manos llenas encontrar ejemplos en el pasado.

Pero represéntense ustedes una situación vital inversa: que el futuro presente una fisonomía casi absolutamente problemática, que se lo vea casi como infinito peligro.

Problemas hasta ahora casi desconocidos en su profundidad y amplitud emergen en el horizonte como constelaciones amenazadoras y antes nunca vistas. Las cosas que parecían más estables, y que eran para el hombre como una "tierra firme" en la que sus pies podían apoyarse, se hacen de golpe inciertas o se revelan como errores, utopías o piadosos deseos.

El hombre, una vez más, vuelve entonces su mirada atrás para buscar en el pasado medios, instrumentos, modos de conducta que le permitan afrontar un porvenir tan problemático. Pero, ¿qué encuentra, en definitiva, en el inmenso desván del pretérito? Los problemas son tan radicalmente distintos que afectan a la propia estructura de sus recursos vitales, de lo que se ha llamado "los principios de la civilización", y, evidentemente, nada del pasado parecerá servir para encarar y resolver los tremendos problemas nuevos del porvenir. El futuro imprevisible allanará el pretérito en cuanto ejemplaridad. El hombre tendrá la herencia de ese pasado, pero no la aceptará: será, como decían los jurisconsultos romanos, una herencia "in adita, sine cretione".

No, este hombre no puede sentirse heredero en el sentido de Goethe. Por el contrario, es un desheredado que no tiene tras de sí pasado eficaz. No es el suyo un pasado que se proyecte suficientemente sobre el porvenir porque éste carece de consonancia con él. Es un pasado inútil, que no puede ni respetar ni admirar. Ahora bien, el pasado es como la cola de la cometa, lo que proporciona estabilidad. De ahí la inestabilidad radical de nuestro tiempo. ¡Pues bien!, señoras y señores, tal es, simplemente, la situación del hombre actual. Este hombre de Occidente que es tan antiguo, al haber perdido su pasado se encuentra transformado de golpe, en primitivo, tanto en la buena como en la mala acepción del término. ¡En esas estamos!

Los que nos repiten todos los días con conmovedora beatería que hay que salvar a la civilización occidental, se me aparecen como disecadores que se fatigan para enderezar la momia. La civilización occidental ha muerto con bella y honrosa muerte. Ha muerto por sí misma: no la han matado los enemigos; ella ha sido la fuerza que ha estrangulado sus propios principios haciéndoles dar todo lo que "tenían en el vientre", y probando en conclusión, que estos principios no lo eran. Y por ello se trata de una muerte que no significa una desaparición. Como el preboste de París a la muerte del rey, gritemos: "¡La civilización occidental ha muerto, viva una nueva civilización occidental!". Que la antigua se suceda a sí misma.

Sería ahora el momento de precisar hasta qué punto han caducado esos famosos principios. No dispongo de tiempo. Pero voy a decir una cosa: aunque hubiera habido tiempo para dejar correr mi pensamiento, no hubiera tenido sentido; sería un esfuerzo baldío, en efecto, recorrer uno por uno esos grandes sectores de la vida cuyo conjunto constituye una civilización, para demostrar que todos esos principios están hoy en quiebra. Mas, por fortuna, toda civilización posee una estructura orgánica, y sus diferentes funciones, sus partes y, por consiguiente sus principios, se apoyan unos en otros y forman una jerarquía. Y esto nos permite precisar nuestra apresurada alusión a la función fundamental -fundamental en el sentido, al menos, más característico- de nuestra civilización, a saber, la ciencia.

En ninguna otra civilización ha representado la ciencia un papel constitutivo. Salvo en la de Grecia, ninguna civilización ha conocido esta dimensión que calificamos de "saber científico", e incluso en Grecia, donde fue concebida, nunca llegó a constituir el elemento fundamental, "visceral", de la civilización helénica; o, digámoslo en términos más enérgicos, nunca Grecia vivió de la ciencia: Hasta el final de su existencia histórica algunos griegos egregios, poco numerosos, creyeron que la característica de los pueblos helenos, frente a las otras civilizaciones, era lo que llamaban la "cultura", "paideia"; esto pasaba poco tiempo antes de que Grecia hubiese sucumbido, en cuanto figura histórica normativa. Pero esta "paideia" -que de hecho y no solamente como desideratum- no es un órgano constitutivo de la vida general de los pueblos helénicos, esta "paideia" tampoco consiste en la ocupación científica, sino, más bien, en la ocupación retórica. Algunos grupos aún más reducidos -los ultras de la síntesis filosófica, la Academia platónica sobre todo- sostenían como un ideal que la cultura era, en su misma base, ciencia. Pero baste leer al gran promotor de la idea de "paideia", Isócrates, para ver que, en sentido griego, la ciencia jamás llegó a ser verdaderamente una realidad básica de su cultura y todavía menos de su civilización. El hecho de que la ciencia nos interese tanto ha provocado una ilusión óptica gracias a la cual hemos siempre supuesto -cometiendo un error palmario- que interesaba amplia y profundamente a los griegos. Solamente cuando la Hélade dejó de estar viva, cuando no fue más que una supervivencia de sí misma, un triste pueblo momificado, que quiso vivir de sus profesores para atraer a los extranjeros, fue cuando Atenas, la perpetua rebelde, la enemiga de los pensadores, se convirtió en una especie de Vichy de la filosofía y de las demás "mathémata".

No es menos arbitrario y falso llamar formalmente cristiana a la civilización occidental. El cristianismo no es un principio exclusivo de nuestra civilización, sino que actúa en otras civilizaciones y, además, los occidentales no han vivido exclusivamente de la fe en Dios, sino también de otra fe, que los ha preocupado de un modo radicalmente distinto e independiente de la fe religiosa, es decir, la fe en la ciencia, en la razón. El "trivium" y el "quatrivium" respondían ya, desde su aparición, a un culto a la razón.

Pero -decía- las ciencias forman una jerarquía, se soportan unas a otras. Las dos ciencias básicas son la física y la lógica. Si algún grave accidente afecta a los principios de estas ciencias, es claro que afectará también a la civilización occidental. La gravedad del hecho no tomará hoy una apariencia dramática, visible a los ojos de todos. El profano, en la gota de sangre que observa al microscopio, no adivina la presencia de la grave enfermedad; sin embargo, para el que sabe hacer un diagnóstico, no cabe duda de que la situación actual de la física y de la lógica sea el síntoma de una crisis de nuestra civilización, mucho más profunda todavía que todas las catástrofes bélicas y políticas. Pues estas dos ciencias eran como la "caja-fuerte" en la que el hombre occidental guardaba el encaje-oro que le permitía afrontar la vida con confianza.

Hace algunas semanas hablaba con el más grande físico actual: le manifestaba mi admiración por el valor de que había dado prueba decidiéndose a formular el "principio de indeterminación". Este principio es, sin duda, un principio físico y, como tal, expresa un hecho fundamental en el orden de los fenómenos que se llaman "materiales". Si no fuese nada más, no se trataría sino de un progreso normal de la ciencia física, de una verdad nueva que se añadiría a las ya adquiridas. Pero ocurre que este principio se vuelve a la vez contra todo el cuerpo dela física y lo destruye, no como una nueva teoría física acostumbra reemplazar a aquella, menos rigorosa, que la preceda, sino alterando la fisonomía de la física por lo que al conocimiento concierne. La base implícita del conocimiento físico era que el investigador se limitaba a observar el fenómeno, a definirlo en fórmulas estrictas. Pero el principio de indeterminación proclama que el investigador, al observar el fenómeno, lo "fabrica", que la observación es producción. Lo cual es enteramente incompatible con la idea tres veces milenaria del "conocimiento científico". Por lo tanto, la física, por lo que concierne al conocimiento, en el sentido tradicional de este vocablo, ha dejado de existir. Qué puede surgir, más admirable aún que su figura pasada y tradicional, no lo sabemos todavía; pero a lo que estamos asistiendo es, ni más ni menos, a la volatilización de la física.

"Pero si lo que usted ha descubierto es tan grave - añadía yo en esta conversación-, lo que ocurre a la lógica, último y fundamental cimiento de nuestra civilización, es todavía más grave". El físico me miró a los ojos, quizá sorprendido de que esté al corriente de lo que casi es todavía un secreto gracias a su carácter sumamente abstruso y cuya formulación rigorosa es recientísima. Y me preguntó: "¿Se refiere usted al teorema de Gödel?". "Naturalmente. Me refiero a ese teorema que da una expresión definitiva a lo que se presentía en la lógica desde hace muchos años." El teorema de Gödel significa que, hablando estrictamente, no hay lógica, que lo que se llamaba así no era más que una utopía, que se creía en una lógica aunque ésta no era -desde Aristóteles- más que un desideratum, un simple programa. En los cincuenta últimos años -desde Russell, Whitehead, por un lado, y Hilbert por otro- se ha intentado realizar la lógica y se ha visto que era imposible porque, hablando con rigor, la lógica no existe. Efectivamente, la lógica significaba, "hablando con propiedad"...

Así pues, nuestra civilización sabe que sus principios están en quiebra -volatilizados-, y por eso duda de sí misma. Mas no parece que ninguna civilización haya muerto, y con una muerte total, por un ataque de duda. Me parece más bien recordar que las civilizaciones han perecido por la razón contraria -por petrificación o arterioesclerosis de sus creencias.

Lo que ocurre significa claramente que las formas cultivadas hasta aquí por nuestra civilización -o con más exactitud, por los occidentales- están agotadas y exhaustas, pero por ello mismo nuestra civilización se siente impulsada y obligada a inventar formas radicalmente nuevas.

Hemos llegado a un momento, señoras y señores, en el que no tenemos otra solución que inventar, e inventar en todos los órdenes. No cabe proponer una tarea más deliciosa. Hay que inventar. ¡Pues bien ustedes los jóvenes -muchachos y muchachas- a ello!

Individuo y organización

No cabe duda que para el individuo son hoy los tiempos adversos. Todo parece estar contra él. Por lo pronto y sin ir más lejos, la palabra misma "individuo" que no nos dice bien lo que pretende denominar, que no cumple la misión saludable de las palabras, a saber, ponernos delante con alguna aproximación, sin excesivos equívocos, el objeto a que se refiere. El vocablo "individuo" que no fue en su origen una palabra de la lengua, sino todo lo contrario: nació ya como término técnico fabricado por gramáticos y filósofos. La diferencia entre una palabra y un término técnico es que no podemos entender éste si no conocemos antes la definición que lo crea, mientras la palabra de la lengua nos entrega, desde luego y sin más, su sentido, un sentido que no tolera ser definido con precisión, pero que nos orienta cómodamente en la práctica. Creado en Grecia, traducido por los eruditos latinos, resobado por los escolásticos, acabó por entrar en la lengua general llevando dentro de sí confusamente mezcladas todas las significaciones que las más diversas filosofías le habían inyectado, filosofías completamente desconocidas para la mayor parte de los que hablan esa lengua. Por esta razón, el vocablo "individuo" se ha convertido en una palabra opaca, sin vivacidad expresiva.

Si esto aconteciese sólo con ella, el mal no sería digno de atención, pero me he servido de este caso como ejemplo de lo que acontece hoy con casi todas las palabras más importantes de la lengua. Todo el que hoy se ocupa en pensar y se arriesga a escribir, se siente deprimido al advertir que la parte más decisiva del vocabulario se ha hecho inservible porque sus vocablos están demasiado cargados de sentidos anticuados, cadavéricos y no corresponden ni a nuestras ideas ni a nuestra sensibilidad. Al haber caído en desprestigio las nociones que intentan expresar, ellas mismas en cuanto palabras han perdido prestigio. Esto es ya evidentemente grave, porque el hombre, que es siempre este hombre único -esto es lo que la palabra "individuo" debería significar hoy", quiere decir lo que él piensa, más para ello sería menester que los vocablos de la lengua fueran todavía plásticos, capaces de recibir la huella de nuestra inspiración como la cera recibe el sello. La lengua como tal -no el hablar- es obra de la colectividad, es un instrumento que permite un mínimum de comunicación. Al ser instrumento, está constituido en cada momento por un sistema de normas fijas, tanto gramaticales como semánticas, que preexisten a nuestro pensar individual, que preexisten a nuestro concreto hablar. La lengua es, pues, una organización del pensamiento que procede de nuestro contorno social y dentro del cual tiene que moverse nuestro personal pensar. Este, al intentar fluir según su propia inspiración, choca con aquellas formas preestablecidas. Si las formas de la lengua se hallan, con exceso, cargadas de pasado, de múltiples conceptos antiguos que en ellas perduran momificados, de demasiadas experiencias hechas con ellas y con las cosas que nombran, el pensamiento individual se encuentra con palabras y giros que están tan endurecidos o tan envilecidos que no logra producir en ellos esas leves modificaciones o innovaciones merced a las cuales podría expresar sus originales intenciones. La palabra se ha hecho materia córnea, la lengua padece arterio-esclerosis -síntomas de vejez en una civilización.

No hay, decía yo, que ir nada lejos para topar con el problema "individuo y organización". Baste con empezar a hablar y ya está ahí. No se tema, sin embargo, que vaya a ocuparme de este caso particular en que tropezamos con el gran problema: el caso del individuo en lucha con su lengua, prisionero de ésta y oprimido por ella. Si he comenzado aludiendo a él, es porque interesándonos en este coloquio especialmente ciertas formas extremas de organización que comprimen hoy al hombre y son de origen reciente, no debemos correr el riesgo de olvidar que, para bien como para mal, el enfronte de individuo y organización es uno de los componentes más elementales, más profundos y más permanentes del destino humano.

Aun reducido el tema a sus caracteres básicos y dejando por completo a un lado sus figuras particulares -de que otros "Referenten" se van a ocupar y han de ser atendidos en la discusión- el tema es enorme. Tengo bastante fe en la fertilidad de coloquios como los que aquí se cultivan, mas es preciso que se descubran maneras más adecuadas para tratar los asuntos. Suponer que en tres cuartos de hora puede desarrollarse una doctrina sobre el problema "Individuo y Organización" es perfectamente utópico. Si he aceptado hablar sobre él, débese o a una cierta propensión al sacrificio o a una notoria osadía, que acaso existen en mí, las dos juntas. Ahora se me invita a una temeridad. Temo que en Darmstadt se acostumbren a verme practicar pequeños suicidios.

No se espere pues, otra cosa que una serie de tesis a las que, por fuerza, han de faltarles fundamentación y desarrollo suficientes.

Por "organización" entendemos en nuestro contexto al comportamiento humano en tanto que se realiza conforme a un modelo predeterminado. Si no añadimos más, es indudable que el individuo se comporta, con suma frecuencia, conforme un programa de actuación que él mismo ha preestablecido. La vida del hombre no es sólo, ni siquiera en su mayor parte, momentánea espontaneidad, súbita inspiración y ocurrencia. Pero esta auto-organización no es lo que interesa a nuestro coloquio. El problema que éste tiene a la vista es el que surge cuando la organización de su conducta no se origina en el individuo, sino que cae sobre él desde fuera. Mas tampoco esto, sin nuevas precisiones, es lo que más nos interesa. Si un individuo entra libremente, sin presión de ningún género, a formar parte de una asociación y se comporta conforme al reglamento de ésta, no es un caso diferente en lo fundamental de la auto-organización. En ambos casos, la organización de su conducta, sea originariamente, sea por libre adopción, tiene su fuente y nacimiento en el individuo.

El fenómeno en que nuestro problema aparece claramente es aquel en que la Organización no sólo se origina fuera del individuo, sino que éste la cumple sin previa voluntad libre de hacerlo. Si al querer cruzar una calle el policía de la circulación interrumpe el tránsito y me quedo quieto en la acera, mi conducta -a saber: quedarme quieto- ni se origina en mí espontáneamente, ni lo ejecuto con auténtica libertad. Si al entrar en una reunión social yo tomo la mano de cada uno de los presentes y la sacudo en un movimiento ridículo, cuyo significado me es completamente inteligible, tampoco este acto mío procede originariamente de mi ni lo practico en virtud de mi libre voluntad. Entiéndase bien: Yo no digo que exista en mí una expresa voluntad negativa ante la eventualidad de tener que dar la mano al prójimo. La realidad es que en mí no hay voluntad ni positiva ni negativa de hacer eso. Lo que en mí hay es sólo la conciencia habitualizada de que tengo que hacer eso por motivos que no tienen nada que ver con el acto concreto de sacudir la mano a los conocidos. Si estuviese en el Tibet tendría, en pareja ocasión, que cogerme el lóbulo de una oreja, poner de lado la cara y sacar la lengua. No obstante, los motivos por los cuales haría una u otra cosa serían idénticos en Lahsa y en Darmstadt. Ya veremos cuáles son. Ahora digamos sólo que la forma de saludo es un comportamiento completamente ajeno a mi inspiración y a mi voluntad, que viene a incrustrarse en mi vida como un cuerpo extraño. El trato social está organizado, previamente a toda intervención mía, por el contorno humano en que me acontece existir, como está organizada por la sociedad en su función de Estado la circulación urbana.

Esto nos hace ver que el comportamiento individual -y entiéndase en toda su amplitud, que incluye sus pensamientos- se compone de dos clases de actos radicalmente distintos. Por un lado, consiste en actos que tienen su origen en la inspiración y la voluntad del individuo. Ellos constituyen lo que podemos llamar "vida personal" del individuo que es siempre creación. Por otro lado, consiste en actos que el individuo conscientemente ejecuta, pero que no han sido ideados ni queridos por él, sino que le son, en uno u otro sentido, impuestos por su contorno humano, por la colectividad o sociedad en que está sumergido. En ellos el individuo se comporta no creadoramente, sino, por el contrario, como un autómata, es decir, mecánicamente. El más claro ejemplo es el apretón de manos que ejecutamos sin que ni siquiera entendamos lo que hacemos. Sabido es que ni aún la ciencia de las costumbres ha conseguido todavía hacer inteligible el origen verdadero y el auténtico sentido de ese comportamiento. Hay sólo vagas e improvisadas hipótesis.

Para entendernos ahora vamos a denominar esas dos clases de actos que integran la vida del individuo "vida personal" y "vida automática", aun a sabiendas de que ambos nombres no son bastante satisfactorios.

Ante esa dualidad debemos ante todo reprimir una tendencia, que inclusive algunos egregios pensadores no han sabido contener, a menospreciar la "vida automática" como indigna del hombre, como un abandono o dejación de su auténtico ser. Es cierto que el individuo no es hombre en el mismo sentido cuando vive personalmente y cuando vive automáticamente. Entre ambos sentidos hay una esencial diferencia jerárquica. En su significación saturada y preeminente -diría Aristóteles- el individuo sólo es humano en su "vida personal". En su "vida automática" es un fenómeno mecánico de especie diferente, pero del mismo género que cualquier otro mecanismo. Pero el caso es que no podría el individuo tener algo de "vida personal" y ser, en consecuencia, un poco humano si no poseyese una amplísima "vida automática". Si todo lo que hacemos y necesitamos hacer en cada día tuviésemos que idearlo y quererlo por nuestra propia cuenta no llegaríamos a la tarde y, además, eso que hiciéramos sería muy próximo a la animalidad, tendríamos que comenzar a ser "el hombre" en cada mañana. Gracias a que la colectividad donde nacemos es portadora de todo un sistema de comportamiento que por los procedimientos más diversos que van desde el halago hasta el castigo, imprime en nosotros, nos queda un poco de energía libre para vacar a ser personas, a pensar algunas ideas por nosotros mismos, a proyectar y ejecutar algo de conducta original.

Cuando el hombre nace encuentra en su derredor ese sistema preestablecido de "comportamiento típico", es decir, toda una organización de su vida individual. ¿De dónde procede, quién sostiene y cómo actúa esa organización? No podemos eludir estas tres preguntas, aunque contestemos a ellas en la enunciación más abreviada.

Tomemos como ejemplo la forma de comportamiento típico que es la forma del saludo. La pregunta sobre de dónde procede no significa ahora para nosotros curiosidad sobre su origen histórico. Nuestra pregunta es actual. El saludo es una acción de los hombres, pero esa acción ni la invento ni la decido yo. Pero tampoco la inventa ni la decide ningún otro individuo determinado. Es un sorprendente fenómeno que se da en el universo; es una acción humana que no tiene su origen actual en ningún hombre. Yo me limito a ejecutarla mecánicamente. Soy en ella un autómata. ¿Quién quiere que se salude y quien idea la forma concreta del saludo? Nadie en determinado y, sin embargo, todos en derredor. Ningún hombre, es decir, ningún individuo determinado es responsable de esa acción. Más aún: ningún hombre entiende siquiera esa acción en lo que tiene de concreta. Por tanto, es una acción que ejecutan los hombres pero que, en rigor, no es humana. No hay acción humana sin un sujeto consciente y responsable de ella. Yo la ejecuto por motivos que no tienen nada que ver con su forma concreta, a saber, porque veo que los otros, unos otros indeterminados, la practican. Y si yo me negase a cumplirla sufriría enojosas consecuencias: dirían esos otros que estoy mal educado, que soy soberbio y los desprecio. La forma típica de comportamiento que es el saludo se presenta a mí con el carácter de una presión que sobre mí ejerce mi contorno. Sin duda, puedo negarme a ejecutarlo, pero a sabiendas de que recibiré los daños que la represalia de ese contorno hará caer sobre mí. No soy, pues, plenamente libre para hacerlo o no.

Repito que el fenómeno es sorprendente por todos sus lados, porque -nótese- que si cada uno de los individuos que forman un grupo social piensa en su interior que por consideraciones higiénicas o de cualquier otro orden no se debería apretar y sacudir la mano del otro, no obstante todos tendrían que seguir haciéndolo. Hasta tal punto esta conducta de los individuos es extraindividual.

El verdadero sujeto de la acción que es el saludo no es, pues, nadie determinado, no es ningún hombre, sino una difusa realidad, que son los otros cualesquiera. Estos otros, al ser indeterminados, no son propiamente individuos. El individuo cualquiera posee sólo la forma vacía de la individualidad. Y aquí vemos la inadecuación de la palabra "individuo". Esos individuos sin individualidad es lo que solemos llamar "la gente"; la gente es el difuso vehículo de la organización de nuestra vida, a la cual encontramos gravitando sobre nosotros desde el nacimiento y es la que constantemente ejerce su presión sobre nosotros y con su presión nos troquela. De esta manera el tema "individuo y organización" podría ser enunciado con estas dos palabras: el Hombre y la Gente.

Las relaciones entre el individuo y la gente no son propiamente humanas porque las gentes no son verdaderamente individuos. El amor, la amistad, son formas de comportamiento de un individuo determinado hacia otro individuo determinado y no intercambiable. Son relaciones interindividuales. Le gente, empero, es el mero vehículo de las formas típicas de comportamiento y cada miembro de la gente encuentra la masa difusa de los otros ante sí, los cuales ejercen sobre él su característica presión.

Ahora bien, casi todo lo que hacemos -y en este hacer va incluida la mayor parte de nuestros pensamientos- lo hacemos porque la "gente" lo hace: es decir, mecánicamente, sin intelección de lo que hacemos y sin quererlo directamente. Tal comportamiento es lo que se llama "uso".

Generalmente, cuando se habla de los usos se ve de ellos sólo su carácter de habitualidad y se cree que su poder reside en la costumbre. Yo no niego que en la formación de un uso no intervenga la habituación, como interviene también muchas veces la imitación. Pero ¿interviene precisamente en la creación de los usos, por tanto, cuando éstos no están aún constituidos como usos? Una vez que esto acontece, una vez que el uso se ha consolidado en una sociedad, no actúa sobre los individuos por su habitualidad ni por la imitación, sino por la presión que ejerce: porque la decisión de no cumplirlo trae consigo represalias. Con lo cual tenemos una conducta de los hombres que -por lo menos en los casos más típicos- ningún hombre entiende y ningún hombre quiere y, sin embargo, todos lo ejecutan, forma parte de la vida de todos. Mas esto quiere decir que la conducta conforme al uso no es individual ni es interindividual, es ininteligente e involuntaria. Una conducta que posee tales atributos es, a mi juicio, el auténtico fenómeno social. Sociedad sería entonces la vida colectiva de individuos bajo la presión de un sistema de usos. Nuestra lengua es un sistema de usos verbales. La mayor parte de nuestras ideas están en nosotros, no por conocimiento de su contenido, sino porque son usos intelectuales de nuestra sociedad. Y así en lo demás.

Los usos sostienen, es decir, imponen toda una organización de la vida humana, previa a los actos de ningún individuo, que está ahí forzándole con más o menos vigor a que éste los cumpla, a que sus actos se acomoden a ella. Pero esa organización no ha sido pensada ni querida por nadie, sino que se produce espontánea e irresponsablemente en toda radical vida colectiva de los hombres. Con lo cual nos hallaríamos, si casualmente lo dicho fuese cierto, ante la necesidad de concebir una forma de realidad que por su positivo contenido es humana -pues es usar ideas, usar valoraciones, usar formas del decir y del hacer propias del hombre y no del animal, el vegetal ni el mineral-, pero que carecen de los atributos más estrictamente humanos: inteligencia y voluntad. Esa extraña realidad intermedia entre el puro mecanismo de la naturaleza y la pura consciencia y libertad del hombre es lo social, es la sociedad. En su origen histórico, el comportamiento que en su día será un uso, fue creación de algún individuo, fue una acción estrictamente humana, consciente y libre. Mas para que llegue a ser uso tuvo que perder estas cualidades y convertirse en una realidad mecánica, sin sentido inmediato, sin alma. Esto nos hace desembocar en una paradoja que parece inevitable, a saber, que lo propiamente social, que la sociedad como sistema de usos, como organización automática de la vida humana es una realidad deshumanizada, desalmada, es lo humano mecanizado, transmutado en algo así como naturaleza, es lo humano mineralizado. Cuando los románticos se entusiasmaban con el concepto de la

"Volkssele" (alma del pueblo) se embriagaban con una metáfora. Un pueblo, es decir, una sociedad en sentido radical o total no tiene alma.

¡A Dios gracias! Porque gracias a esa organización mecánicamente impuesta a los individuos, las creaciones de éstos han podido ser siquiera parcialmente conservadas y acumuladas. Gracias a ella se forman las culturas y las civilizaciones. Sin ella es dudoso que el individuo hubiera llegado a ser hombre -porque el hombre, nos decía Goethe, no es sólo un sucesor sino que es un heredero, es decir, que conserva el pasado-. La sociedad precisamente porque no es creación es siempre pasado. Todo uso tarda en formarse, en llegar a poseer automática validez. Por ello, relativamente al individuo creador, todo uso es algo viejo, es arcaísmo. Esta es la causa de que la historia sea lenta, tardígrada. El individuo se impacienta porque su vida es breve, y porque es breve, es prisa. Ya Homero citaba como muy viejo adagio que "los molinos de los Dioses muelen despacio". Este arcaísmo puede ser excesivo y perturbar la vida de los individuos. Entonces la sociedad muere por decrepitud. Viceversa, una vida colectiva de individuos puede comportarse con muy leve arcaísmo. ¿Qué pasa entonces? Que esa vida colectiva no es todavía una sociedad, un pueblo, una nación. Pero sería sumamente improbable que si la organización en que la sociedad consiste, no actuase mecánicamente, inhumanamente, si la acumulación de las creaciones dependiese sólo de la inteligencia y de la voluntad de los individuos, hubiese podido darse en el Universo el ser histórico que llamamos hombre.

No conviene polarizar excesivamente los conceptos de individuo y de organización. Por eso pienso que no era del todo supérfluo hacer presente en este coloquio la organización básica que los usos imprimen en el individuo, y merced a la cual éste llega a ser algo así como hombre. Además, nos sirve para contrastar con ella la especie de organización que es el tema más preciso de este coloquio.

Entre los usos hay un grupo de ellos que muestra caracteres muy peculiares y hasta aparentemente contradictorios de los que hasta ahora hemos tenido a la vista. Esta diferencia no se refiere, claro está, a su contenido, sino a su modo de ser en cuanto usos. Junto al saludo aludimos a otro ejemplo: mi comportamiento cuando al querer cruzar la calle el policía de la circulación me lo impide. El no tenía interés ninguno personal en que yo no atravesara la calle. No tiene conmigo relación interindividual. Yo soy nada más que un transeúnte y los transeúntes son gente. Ya hemos visto que con la gente no cabe una relación interindividual, porque no son verdaderos individuos. Pero el caso es que yo tampoco tengo con el policía relación interindividual. Los policías son también gente. Y he aquí ante nosotros el comportamiento del policía que no me deja cruzar la calle y el mío que consiste en suspender mi marcha, ninguno de los cuales tiene su origen ni en él ni en mí. ¿Quién es el promotor de estas dos acciones? En casos como éstos, a diferencia de lo que acontecía con el saludo, no se suele responder: el promotor no es nadie determinado, sino todos, las gentes -sino que se responde, aparentemente con mayor precisión y claridad, diciendo: es la autoridad, es el Gobierno, es el Estado. Ninguna de estas cosas, como su nombre indica, son individuos. El hombre o los hombres que ejercen la autoridad, que gobiernan, que hacen funcionar el Estado, ni tienen empeño alguno en que yo, el único que soy yo, interrumpa mi camino. Yo ni siquiera los conozco. Lo que si han hecho los gobernantes como individuos es redactar un reglamento que de una organización a la circulación, por tanto una ley. Lo han hecho con su consciencia y su voluntad. Han actuado plenamente como hombres. Los reglamentos, las leyes, ejercen sobre los individuos una presión máxima. La represalia, si no los cumplo, está formal y públicamente anunciada.

Las leyes representan un tipo de organización distinta del que hasta ahora hemos contemplado. Atendamos por lo pronto a una de estas diferencias. La organización básica de la vida individual proveniente del sistema de usos en que la sociedad consiste era espontánea y anónima. Ni la producen ni la sostienen los individuos en cuanto tales. La ley, en cambio, aunque viene sobre mi del contorno social, ha sido ideada y formulada por individuos, y la presión que ejercen sobre mí no procede inmediatamente del cuerpo social como difuso sujeto de ella, sino de individuos determinados - gobernantes, policía- que se ocupan expresamente en redactarlos y castigar por su incumplimiento. Esta diferencia nos invitaría a pensar que la ley no es un uso. Dejemos por el momento a un lado el caso de las leyes consuetudinarias, que actúan en los tiempos primeros de todo pueblo y cuyo carácter de ley es sumamente discutible y sobre todo confuso.

Lo que una ley tiene de ley no es su contenido, sino su carácter imperativo. La ley es una orden, un mandato en sentido pleno que incluye indefectiblemente la amenaza de un castigo, para ejecutar el cual existen órganos preparados. La presión difusa que todos los usos ejercen aparece aquí concentrada en una parte de la sociedad, en el grupo de individuos que es llamado Gobierno.. Lo que estos individuos hacen es mandar; pero esa función -mandar- no procede de ellos, sino que se hallaba ahí antes de ellos, como uno de los usos que la sociedad contiene y sostiene. En las sociedades, en efecto, se fue poco a poco formando el uso de mandar que implica el poder hacer funcionar los aparatos que lo hacen posible. El conjunto de estos es el Estado.

Ha quedado en la Historia conocida, como el más ilustre ejemplo de la función social de mandar, el Imperio romano. Ahora bien, el vocablo "imperium" ha sido formado sobre los de "imperare" e "imperator". "Imperare" significa "mandar", pero este significado oculta el que la palabra tuvo originalmente. Es ella un compuesto de "in" y "parare", que quiere decir preparar. Este sentido más antiguo pone de manifiesto en qué consiste la función de mandar: es de disponer por anticipado una acción común de los individuos que forman una colectividad: es estrictamente "organizar". Las leyes, el derecho, son una nueva organización a que son sometidos los individuos y que se superpone a la que ya actuaba sobre ellos en la forma difusa de los demás usos. El mandar en cuento fenómeno social -y no como fenómeno interindividual- es un uso como cualquiera otro; se dan en él todos los atributos constitutivos del uso. La diferencia está en que esta vez el contenido del uso anónimo consiste precisamente en encargar a uno o más individuos como tales que ejerzan a su saber y entender, por tanto, con su inteligencia y su voluntad, los actos de organizar una parte de la vida de los demás. Los que mandan empiezan por organizar el aparato de mandar que es lo que llamamos Estado, y una vez que éste ha sido constituido, el Estado organiza más o menos lados de la vida de los individuos.

Esta que podemos llamar superorganización, no es como la básica y espontánea en el cuerpo social, de formación lenta, pues surge instantáneamente de una ordenanza y ha sido engendrada con plena conciencia por unos hombre en el pleno sentido de este vocablo. Por todos estos caracteres, la superorganización que crean las leyes no es ya un uso. Lo es su función -la función social de mandar, pero no su concreto contenido.

Podemos en la historia perseguir con alguna claridad de lenta formación el uso que es el Estado o poder social de superorganización. En los pueblos más primitivos no existe como función permanente. Se vive de usos espontáneos. Sólo de cuando en cuando aparece durante un instante la función estatal para volver a volatilizarse. El Estado comienza siendo intermitente. Cuando los españoles se apoderaron del Perú, Carlos V sintió su conciencia inquieta en un punto a la legitimidad de su mando en aquellas tierras y encargó al virrey don Francisco de Toledo que hiciese una amplia información sobre quien gobernaba aquellos pueblos antes de que, dos generaciones antes, los conquistaran los incas. En esta información a cuyas preguntas contestó un gran número de indios, la segunda dice así: "Si saben o tienen noticia del gobierno que en estos reinos tenían los pueblos antes de que los incas los conquistasen y redujesen a obediencia.". A lo que todos -y son, repito, muy numerosos- responden: que han oído a sus padres y abuelos que antes cada indio vivía sin obedecer a nadie, pero como tenían guerras unos pueblos con otros, cuando había algún hombre capaz que entre ellos se señalaba, los demás se acogían a él y decían: "Este es hombre capaz que nos defiende de los enemigos: obedezcámosle" pero no había otra manera de señorío ni gobierno más que esta. A aquel hombre llamaban "cinchecona", que quiere decir "el capaz de ahora". El cinchecona es, pues, el germen del Estado, y como el "imperator", prepara, organiza la defensa en momento de peligro.

La existencia del Estado y de la superorganización que él crea significa, pues, que, por una vez, la sociedad recurre al Individuo como tal, con su inteligencia, con su razón, con su energía personal y esto no acontecería si la sociedad fuese una realidad que se basta a sí misma, y si la vida humana pudiese transcurrir de manera tolerable ateniéndose sin más a la organización espontánea, anónima e irracional de los usos. El hecho de que haya policía y fuerzas de orden público manifiesta que la realidad llamada Sociedad no corresponde suficientemente a su nombre porque en ella se dan constantemente, junto a comportamientos sociales, comportamientos antisociales; por tanto, que la sociedad es una realidad constitutivamente enferma y deficiente. El nombre "sociedad" es utópico y designa sólo un deseo. El Estado, la Ley son aparatos ortopédicos puestos a la Sociedad, siempre quebradiza. ES siempre y a la vez sociedad y lo contrario: Di-sociedad.

Resulta que el individuo se encuentra inserto, incrustado en dos formas de organización. En la espontánea y estrictamente usual el individuo no se siente normalmente comprimido, a pesar de que todo en torno de él es presión. La presión de los usos se ha producido lentamente y de acuerdo con el grado de individualización a que ha llegado. Nada menos libre que el hombre primitivo. Todo su comportamiento está prefijado por los usos de la tribu. Sin embargo, es muy raro que sienta contraposición entre lo que quisiera hacer y lo que el entorno exige de él. Al contrario, siente angustia y no sabe qué hacer cuando, por un azar, se encuentra desencajado de los usos de su tribu que le proporcionan un modelo y programa de conducta, intelectual y corporal, donde dejar fluir mecánicamente su existencia. Porque la individualidad, como todas las cosas humanas, es una magnitud variable si no entendemos este concepto sólo como forma vacía. Individuo significa el compromiso de ser único y no intercambiable. Ahora bien, la mayor parte de los seres humanos poseen una capacidad mínima para pensar, sentir, querer, por tanto "ser" por cuenta propia y se sienten felices cuando la sociedad, en torno de ellos, los exonera de ese compromiso, de ese esfuerzo y les introduce el sistema de deseos humanos que son los usos.

Por eso, ante el problema que estos días nos ocupa no debemos contentarnos con la pregunta de si no se padece hoy un exceso de organización, sino que es menester preguntarse también si no padecemos de una mengua en el grado de individualización.

Lo que la Sociedad, en su funcionamiento espontáneo no es capaz de hacer o lo hace demasiado mal, reclama la superorganización del Estado. Nótese que el Estado nace para afrontar una situación de peligro y para hacer bien las cosas. Estos dos motivos que parecen tan laudables, son, a mi juicio, la causa principal de que hoy sientan anormalmente comprimida y negada su vida tantos individuos que lo son en grado elevado.

Veamos por qué. La superorganización estatal no se produce lentamente, sino que es fulminante y sorprende al individuo en formas de comportamiento que ella hace súbitamente imposibles y, con frecuencia, sancionables. En la evolución del Estado, la legislación se ha hecho cada vez más fecunda, y en los últimos tiempos, se ha convertido en una ametralladora que dispara leyes sin cesar. Esto trae consigo que el individuo no pueda proyectar su vida, y como la función más sustantiva del individuo es precisamente eso: proyectar su propia vida, la legislación incontinente le desencaja de sí mismo, le impide ser. En una situación de peligro -en una ciudad sitiada, por ejemplo- el Estado reglamenta casi toda la vida de los individuos porque cualquier acción de estos puede, en efecto, ser peligrosa. Pero lo curioso es que acontece también lo inverso: la tendencia natural en el Estado a reglamentarlo todo, aunque la situación de peligro haya desaparecido, trae consigo que se perpetúe esa impresión de peligro y que el individuo se sienta constantemente, como el personaje de Kafka, reo de no se sabe qué posibles delitos.

Pero el impacto de la superorganización sobre el hombre es más perturbador por la intención de "hacer bien las cosas" que es constitutiva del Estado. Dijimos que éste significa la intervención de la racionalidad en los comportamientos sociales. Que algo es uso no significa de ningún modo que es útil. La sociedad está siempre cargada de usos no sólo inútiles, sino dañinos. Por eso la idea de Malinowski de querer entender las formas de vida de los pueblos por su función -y esto implica por su conveniencia- es una desafortunada idea. La intención del Estado de racionalizar el comportamiento de los individuos obligando a que sea útil y adecuado, implica que construye ese comportamiento partiendo de las cosas. Hacer bien las cosas es ser efectivo. Pero esto, a su vez, trae consigo que el Estado cuenta demasiado poco con el individuo. La perfección con que logra sus fines se obtiene a costa de la individualidad de los individuos. Este es el carácter constitucional de la Ley. Tito Livio que como buen romano sabía un poco de ello, dice definiéndolas que las leyes son cosa sorda e inexorable "leges res surdam, inexorabilem esse". Por su propia forma la ley es inexorablemente inhumana y antiindividual -buen ejemplo de cómo todo lo social es humanidad deshumanizada, mineralizada. Para un romano como Cicerón la máxima contradicción es el "privilegium" -una ley para o contra un individuo.

Junto a esta superorganización que procede del Estado, hay otra natural, independiente. La nueva industria, regida por la técnica, se ha convertido en producción en masa, y por esta razón tenía indefectiblemente que llegar a un estado de superorganización. En comparación con el artesano, el obrero actual, en cuanto obrero, casi no es hombre. Pero me inclino a creer que la superorganización industrial no se habría desarrollado tan rápidamente si no hubiera encontrado de antemano, como un modelo, la superorganización del Estado. Por esta razón las fuerzas de resistencia contra la organización deben concentrarse contra el Estado. Esto me llevó a dar, hace treinta años, a un capítulo de mi libro "La rebelión de las masas", el título de "El mayor peligro: el Estado". La lucha no será fácil, porque precisamente ahora el Estado rebasa por encima de todo lo que hasta el presente pretendía ser: y aún quiere llegar a ser lo que menos puede ser: se ha convertido en un Estado-beneficencia. Es conmovedora esta ternura que el estado manifiesta hoy como Estado-beneficencia. En el fondo querría el Estado defender desde el principio, de la mejor manera, al individuo contra los mayores peligros y querría hacer bien las cosas. Pero el resultado es que amenaza con asfixiar al individuo.

Por esta razón conviene contar con la fábula del oso, amigo del hombre. El hombre, tendido, dormía, el oso, amigo del hombre, vigilaba su sueño. Una mosca se posa en la frente del hombre. El oso no puede consentir esta perturbación en el sueño del hombre, su amigo. Con su garra espanta la mosca, pero con ello aplasta la cabeza del hombre.

UNA VISTA SOBRE LA SITUACIÓN DEL GERENTE O "MANAGER" EN LA SOCIEDAD ACTUAL

Tengo muchas dudas de que pueda interesar a ustedes lo que les voy a decir. Por esta razón me resistía a aceptar la honrosa invitación que el Brtish Institute of Management me hizo para dirigir a ustedes la palabra. Yo no pretendo hoy decir nada que les parezca inmediatamente práctico, sino más bien, al revés, poner a la vista cuestiones, como incitación a que ustedes mediten sobre ellas. Mi propósito es intentar presentar una vista de la situación del gerente o manager en la sociedad actual. Pero no siendo yo gerente de nada ni habiendo viviendo de cerca los problemas de este oficio, la visita que voy a ofrecer está tomada desde el exterior, es la vista que puede tomar un transeúnte. Debo decir, sin embargo, que me parece un error el excesivo desdén con que nuestra época, obsesa con el espacialismo, recibe las opiniones que sobre nuestras cosas surgen en un transeúnte. El transeúnte lo es casi siempre porque va a lo suyo, que es distinto de lo nuestro. Avanza enfocado hacia sus propios temas, con su aparato de conceptos formado en vista de ellos, con habitualidades de análisis que su ocupación continuada ha decantado en él. Mas conforme sigue su ruta, mira de soslayo a uno y otro lado y ve lo que ve en la perspectiva y con los reflejos de sus consolidadas preocupaciones, desde sus puntos de vista, distintos de los que iluminan al profesional. No tiene duda de que si el transeúnte es algo perspicaz, su visión externa viene a complementar la interna que de nosotros mismos tenemos, liberándonos de la angostura de horizonte que nuestra profesión ha ido creando en nosotros.

Pero no voy ahora a describir o a esbozar esta opinión exterior de la ocupación de ustedes. Necesitaría más tiempo del que tengo a mi disposición. Realmente en esta reunión tengo muy poco que hacer y acepto con gusto el papel de ser la quinta rueda del carro. Se trata solamente, por tanto, de hacer en modo informal algunas consideraciones generales.

Vamos, pues, al asunto.

Hace trece años se publicó el estruendoso libro de James Burnham titulado "Managerial Revolution". La obra se compone de una serie de exageraciones y casi todo en ella está desdibujado, pero si podamos todas sus exuberancias, queda en pie un diagnóstico que luego se ha repetido innumerables veces y que expresa una realidad, a saber, la situación excepcional del oficio de gerente o director de empresa en la estructura de la sociedad actual.

Mas prefiero que no se confunda mi idea de cuál es la situación excepcional del "manager" en la sociedad actual.

Mas prefiero que no se confunda mi idea de cual es la situación excepcional del manager en la sociedad actual con las figuras exorbitadas de Brunham. A mi juicio, se trata de un razonamiento muy sencillo. La producción -ni que decir tiene- y cuanto ella tare inmediatamente consigo -por ejemplo el comercio- ha sido siempre una de las grandes dimensiones en la perspectiva de la vida colectiva. Pero historia quiere decir cambio y los cambios más decisivos suelen consistir no tanto en la aparición de novedades como en que las grandes y perennes dimensiones de la vida colectiva cambian su localización en la perspectiva, es decir, que una determinada actividad humana pasa de hallarse en segundo o tercer término a situarse en el primero. En la Edad media eran guerra y religión las dos grandes ocupaciones situadas en ese primer término. Con esto no quiero decir sólo que eran las más estimadas, sino que en la estructura efectiva de aquella sociedad el guerrero y el clérigo eran piezas que articulaban la máquina o mecanismo de la sociedad. Pues bien, el hecho decisivo de que vamos a partir y que es de sobra patente, consiste en que la producción es hoy la dimensión de la vida colectiva que se halla situada en primer término. No se trata tampoco, repito, de que sea la más estimada, sino que de hecho toda la vida colectiva que se halla situada en primer término. No se trata tampoco, repito, de que sea la más estimada, sino que de hecho toda la vida colectiva funciona teniendo como eje de articulación la industria, el comercio y las actividades secundarias que ambas cosas traen consigo.

Las causas positivas de ello son de sobra notorias: la industrialización, combinada con el progreso de la higiene, ha hecho posible el crecimiento enorme de la población en Occidente durante los últimos ciento cincuenta años y la reclamación de un nivel de vida más elevado. Estos dos factores han permitido y obligado, a su vez, a que la industria se desarrolle velozmente en proporciones gigantescas.

Pero este fenómeno, que una dimensión dela vida pase a ocupar el primer término, no se origina solo en que esa actividad, por unas u otras causas, adquiera una importancia excepcional. La vida, tanto la personal como la colectiva, es un sistema de relatividades. En la vida, por desgracia, no hay nada absoluto. El hombre está condenado a vivir entre cosas relativas. Así en este caso acontece que la situación prominente de la producción en nuestro tiempo se debe no sólo a que ella haya ganado en efectiva importancia, sino a que otras dimensiones de la vida la han perdido relativamente. En el siglo XVII gritaba Shaftesbury: "Liberty and letters!" Esto era en la expresión de un deseo, pero este deseo resultó certero como en los siglos XVIII y XIX se encargaron de probar. Libertad y cultura fueron ocupando el primer plano de la atención pública. A pesar del crecimiento enorme que la industria fue alcanzando en la pasada centuria, las cuestiones de libertad y las cuestiones de cultura -sobre todo en el continente- mantenían la producción en un segundo término. Pero hoy el grito de Shaftesbury suena como una voz extemporánea. Las gentes, en una u otra medida, se dejan arrebatar la libertad tranquilamente. Las dictaduras patentes o larvadas son un rasgo característico del presente. Las gentes se ocupan cada vez menos de las letras. La crisis grave del mercado del libro es otro de los rasgos que caracterizan a nuestro tiempo.

Otro ejemplo. La Universidad ha sido uno de los órganos viscerales en la vida de nuestros pueblos desde la Edad media hasta fines del siglo XIX. Recuérdese lo que ha sido para la vida europea y especialmente para la vida francesa la "sorbonne". No se trata sólo de que esa institución gozase de un gran prestigio ornamental. No: se trata de que tenía un poder social enorme, hasta el punto de que el Estado tenía que contar con él. Pues bien, desde hace más de cuarenta años la "Sorbonne" no ejerce influencia alguna sobre la vida continental europea y ni siquiera representa un papel activo en la sociedad francesa. Esto no es de escasa importancia para comprender la actual estructura de Francia. En lo que va de siglo, la vida francesa fluye por cauces que no pasan por la Sorbonne. El poder espiritual que ésta ejercía se ha desvanecido. Lo cual me recuerda el magnífico puente romano que hay en un amplio valle de España, cerca de Portugal. Desde hace siglos el rio cambió de cauce y el puente se quedó en seco. Uno imagina que aquella magnífica construcción mira a sus pies y se pregunta: ¿Dónde diablos se me ha ido el río?

Con estos ejemplos no pretendo otra cosa que traer ahora a la memoria de ustedes cómo formas de actividad humana que eran antes fuerzas de primer término en la dinámica de la vida colectiva se han debilitado. Esta debilidad no consiste en que, por ejemplo, los profesores de la Sorbonne y de las demás universidades continentales -me refiero a éstas porque son las que mejor conozco- sean menos valiosos que los de otros tiempos. Probablemente el tipo medio de profesor actual conoce mejor su disciplina que la conocían sus predecesores de hace cien años. Por eso el síntoma es grave. A pesar de que los profesores universitarios son tal vez mejores, la Universidad ha dejado de ser un factor prominente en nuestra sociedad y vegeta en planos muy secundarios dentro de la vida colectiva. Y esto aparece aún más subrayado cuando vemos que, no obstante, algún Instituto de Investigación Científica ocupa la atención de las gentes, provoca su entusiasmo y logra la concesión de medios económicos extraordinarios. Esto acontece, por ejemplo, en Alemania con el Instituto Max Planck de Göttingen. Pero éste, como algún otro que goce también de un prestigio hoy insólito, no es propiamente un instituto universitario, sino que en él se investigan los problemas del átomo y ello con vistas al posible aprovechamiento de su energía, no sólo para la guerra sino para la producción. Es ésta quien lo hace destacarse.

Todo ello nos hace ver cómo la colocación prominente de la producción en la vida colectiva procede no sólo de haber crecido su propia importancia, sino que otras formas de actividad se han debilitado y no tienen hoy fuerza bastante para controlarla, quiero decir, para mantenerse a nivel con ella. Estas son las que podríamos llamar las causas negativas de aquél fenómeno. Me interesaba aludir a ellas porque de ordinario sólo se tiene en cuenta las positivas.

La fábrica, la casa de comercio, la agencia de propaganda, el servicio de transportes, son hoy los órganos principales del cuerpo social. Es de notar, en contraste con esto, la debilitación que sufre la familia. El hecho de que hoy casi todos los gobiernos se esfuercen en protegerla, demuestra que necesita auxilio, que padece astenia. Donde quiera -y me refiero sobre todo a las clases sociales que se llaman superiores- la vida familiar va siendo reducida al mínimo y ello, primariamente, por una razón económica que nos hace revivir con energía la etimología de la palabra. Las habitaciones tienen que ser pequeñas y el programa de vida dentro de ellas reducido, por la sencilla razón de que escasea al extremo el servicio doméstico, los criados -los famuli-. Porque la palabra "familia" -tal vez de origen etrusco- no ha significado hasta a lo sumo dos siglos, padre, madre e hijos, sino los criados, los familiares. No parece fácil que se pueda contrarrestar esta volatilización progresiva de la familia. Mas aquí tienen ustedes otro ejemplo de debilitación que contribuye a que fábrica, oficina y agencia hayan pasado a primer término en el organismo del vivir colectivo.

Mas no basta que la producción haya adquirido ese rango en la perspectiva de la vida colectiva para que el oficio de gerente se encontrase en una situación excepcional. En la producción actúa el capital, sea particular sea del Estado - como en Rusia-, y actúan los obreros. En los comienzos de la era industrial estos dos eran los elementos decisivos y no el gerente. La razón es clara: la industria naciente hacía del proceso de producción y distribución una labor bastante sencilla. Ni el número de los obreros era muy grande ni su actitud era permanentemente problemática. Las operaciones de fabricación no eran complicadas. Los mercados se abrían sin grandes competiciones ante el productor. De aquí que para dirigir una industria o una casa comercial no fueran necesarias en la persona dotes extraordinarias, por lo menos, dotes muy especiales. El Consejo de Administración o el "Borrad of Directors" podía, sin gran dificultad, sustituir al gerente por otro. Hoy todas estas condiciones han variado. La producción -y recuerdo que empleo esta palabra en su sentido más amplio, es decir, abarcando todo lo que la producción trae consigo: comercio, propaganda, etc.- la producción implica hoy el empleo de técnicas sumamente complicadas, no sólo la técnica de la fabricación, sino la técnica administrativa y la técnica económica que permite prever los cambios de la coyuntura. Por otro lado, la función de dar órdenes se ha hecho cada vez más difícil, porque el número de obreros es, con frecuencia, grande; porque su actitud es suspicaz y llena de reacciones negativas; porque su organización sindical es poderosa y de gran cohesión, de suerte que lo que pasa en otras empresas distantes repercute en la propia. También se ha hecho difícil la relación del gerente con el capital, porque éste -repito, sea particular o Estado- está malhumorado. En Europa, al menos, el capital ha perdido alegría y aun, tal vez, no fuera del todo erróneo decir que ha perdido la fe en sí mismo. Están ya lejos los tiempos en que el capital podía, sin que sus ilusiones fueran arbitrarias, esperar espléndidos dividendos. Hoy tiene normalmente que contentarse con muy moderada renta y, sobre ello, sufrir que la tributación la cercene todavía más. De modo que el gerente encuentra ante sí la inquietud y frecuente indocilidad de los obreros y tras sí, en su retaguardia, el mal humor del capital.

Todas estas alusiones a hechos elementales, que son de ustedes harto conocidos, tenían que ser enunciadas aquí porque creo que son tales hechos los que han dado al oficio de gerente una situación excepcional. Siempre, claro está, fue necesario que alguien dirigiese una empresa y diese órdenes; pero antes. Digámoslo con una expresión deliberadamente exagerada, eso podía hacerlo cualquiera en la mayor parte de las empresas. Hoy al complicarse en grado tal el proceso de producción, la figura del gerente ha tenido que adelantarse a primer término. Sin él nada puede marchar. Deprimido el capital, excitados los obreros, siendo forzoso el empleo de técnicas difíciles, todo viene a gravitar sobre la capacidad del gerente. Y asi tenemos eso que hemos llamado su situación excepcional, en la presente sociedad.

En rigor, podía haberles ahorrado todo lo que hasta ahora he dicho porque el sencillo razonamiento que al comentar anuncié puede formularse lacónicamente así: 1º la producción se halla hoy en el primer término de la vida colectiva; 2º, dentro de la producción el gerente se ha convertido en el factor que esté n primer término, que es la pieza principal, lo que los relojeros llamaban la rueda catalina. En este puesto de máxima eficiencia pero, a la vez, de enorme responsabilidad -y por qué no decirlo- de extremo peligro, el hombre que ejerce la gerencia de una empresa no puede menos que recibir sobre sí todas las ventajas que la sociedad actual puede ofrecer, pero, al mismo tiempo, todos los impactos que de ella son emitidos.

Y vamos ahora a intentar definir algunos de los caracteres de la sociedad europea actual que más especialmente afectan a esta ocupación de dirigir empresas, aunque -debo subrayarlo- tiene una relación distante con las cotidianas preocupaciones del director de empresa. Pero al ingresar en este tema, que es el que me ha sido propuesto, tropiezo, desde luego, con una grave dificultad, a saber, que tengo de lo que es una sociedad, de lo que es propiamente social una idea muy diferente de las que, por cierto con gran vaguedad, suelen circular.

Tengo la convicción de que las sociedades europeas -llámeselas pueblos o naciones- se encuentran hoy en un estado anormal en cuanto sociedades y si se quiere diagnosticar en qué profundidades de su estructura radica el mal, es forzoso partir de una idea clara respecto a lo que es el fenómeno social y la sociedad. Esto me obliga a hacer algo que, al pronto, les va a parecer demasiado inoportuno, a saber, dedicar un rato a las abstracciones de una teoría sociológica.

El más eminente de los sociólogos alemanes, que murió en 1920, Max Weber, consideraba que el fenómeno social consiste en el comportamiento de un individuo humano respecto a otro u otros individuos humanos. Lo esencial y distintivo de esta relación entre hombre y hombre es que al actuar cada uno de nosotros sobre otro individuo humano, sabemos que este va a reaccionar frente a nuestra acción según esta sea, lo cual nos obliga a anticipar en este comportamiento esa su posible reacción. La piedra, en cambio no prevé vuestra acción y por eso su reacción no es propiamente una respuesta. De aquí que nuestra relación con la piedra no sea trato, "intercourse". Según esto, el fenómeno social consistía en las relaciones interindividuales y nada más. El análisis de Weber definís muy bien lo característico de la convivencia humana, pero la cuestión es si la sociedad y lo social no son más que relación entre los individuos, si no son más que convivencia.

Tomemos dos ejemplos de convivencia interindividual, la amistad entre dos hombres y el amor entre madre e hijo. En ambos casos se trata de que el individuo determinado que es ese hombre, que es esa madre, ejecuta hacia otro individuo determinado e insustituible, el amigo, el hijo, un acto concreto que se le ha ocurrido en virtud de razones y motivos que le son propios; un acto, por tanto, que tiene para él sentido, que él entiende y cuya ejecución proviene de su libre voluntad. Solo merece estrictamente el nombre de acción humana una acción que tiene estos atributos, a saber: 1º, que su proyecto se origine en nuestra persona; 2º, que por tanto, eso que vamos a hacer sea para nosotros inteligible, y 3º, que su ejecución proceda originariamente de nuestra libre voluntad.

Es probable que en este momento no vean ustedes claro qué es lo que con todo esto quiero decir, pero en seguida, espero, les va a ser patente.

La relación entre amigos, entre madre e hijo, sería imposible si no se hablasen. Al hablar, uno dice al otro lo que a él se le ha ocurrido y que, por lo mismo, tiene para él sentido, y lo hace porque quiere, porque tiene la voluntad de ello. Hasta aquí tenemos que el hablar es una acción humana, personal e interindividual. Pero es el caso que para hablar ambos -los amigos, la madre y el hijo- no tienen más remedio que emplear una lengua. Ahora bien esta lengua no es creación de ninguno de ellos y el usarla no procede de su voluntad. He aquí pues, que en estas relaciones tan típicamente interindividuales se intercala algo que viene a los individuos de fuera de ellos, y que emplean quieran o no. El uso de la lengua no es, pues, una acción estrictamente humana según lo que hace un momento dijimos. Cada uno de nosotros encuentra ante sí la lengua como algo que él no ha creado y que le es impuesto, quiera o no, si pretende comunicar con otro. ¿Quién ha creado la lengua, de qué voluntad ha emanado?

Para responder con claridad a esta pregunta conviene que observemos otro hecho trivial en que la misma cuestión se hace más patente.

Si uno de ustedes acude a una reunión de personas que le son conocidas, va allí por razones que le son propias, por motivos personales suyos y va con la intención de hacer esto o aquello que tiene para él sentido. Sin embargo, notemos que al llegar al lugar de la reunión lo primero que hace es una cosa sobremanera extraña: toma la mano de cada persona que allí hay, la oprime, la sacude y luego la abandona. Es lo que llamamos saludo. Él no tiene interés alguno en ejecutar este acto, no lo ha inventado él; más aún, ni siquiera lo entiende, lo único que sabe es que él no tiene más remedio que ejecutar esa sorprendete operación, aunque no quiera -nótelo bien, aunque no quiera-, porque si deja de hacerlo aquellas personas ejercerán represalias contra él, por lo menos considerándole como un hombre mal educado e insolente. (Hace cincuenta años la represalia era más enérgica: el hombre conocido a quien no saludábamos nos enviaba los padrinos y nos retaba a duelo con sable, espada o pistola. No era, pues, una broma.) En el saludo las cosas se presentan con superlativa claridad: al sacudir la mano del prójimo ejecutamos un acto que ni se origina en nosotros, ni lo entendemos, ni, por tanto, podemos originariamente quererlo. Lo hacemos porque no tenemos más remedio, porque nuestro contorno de convivencia nos obliga a ello y, por tanto, lo ejecutamos no como hombres, sino como autómatas, mecánicamente, lo hacemos porque los demás lo hacen y a cada uno de los otros le pasa lo mismo con los demás, uno de los cuales somos nosotros. Ningún individuo determinado, es decir, ninguna persona, ningún hombre es causante de este comportamiento, ni lo ha inventado ni lo ha querido. Como ustedes saben, esta es la hora en que ignoramos todavía cual es verdaderamente el origen del apretón de manos. Existen varias hipótesis, varias teorías; pero esto es la prueba mejor de que no es ininteligible mientras lo ejecutamos.

He aquí, pues, que al saludar nos sorprendemos ejecutando una acción que es ininteligible, que, por tanto, no puede provenir de nuestra voluntad y, en consecuencia que no es, en sentido propio, humana. Lo hacemos porque se hace, porque los otros lo hacen, pero a cada uno de éstos les acontece lo propio. Hechos de este tipo son los que llamamos "usos", y, a mi juicio, los "usos" son el fenómeno social básico. Pero el nombre "uso" oculta, más bien que hace resaltar, lo que es más importante en el "uso". Lo primero que con este vocablo pensamos es que los hombres imitan un cierto comportamiento, y que esto lleva a que ese comportamiento se generalice y al generalizarse se convierta en algo que nos es habitual: en una costumbre. Pero imitación y habitualización son sólo los modos, bien que no los únicos, como un uso se constituye. Más una vez que éste se halla constituido, surge en él un atributo completamente nuevo y que no tiene nada que ver con la imitación y la habituación, las cuales últimamente dependen de nuestra voluntad. Podemos libremente suspender nuestra imitación y comportarnos en forma no habitual. Ese nuevo atributo, que es el decisivo, nos aparece bien claro en el momento en que intentamos comportarnos contra el uso. Al punto descubrimos que esto no se puede hacer impunemente, que nuestro comportamiento desusado nos acarrea dificultades. Estas dificultades serán, según cual sea el uso de que hablamos, de los grados más diversos.

Si uno de ustedes sale mañana a la calle vestido como un caballero de la Edad Media, es probable que sea conducido a la comisaría policíaca. ¿Por qué? Porque no es uso hoy vestir de ese modo y se sospechará que anda mal de la cabeza, lo que no es débil peligro para él. El atributo decisivo de los usos es que ejercen sobre nosotros una presión coactiva. Es un error pensar que sólo la ley, que sólo el derecho establecido posee el carácter de coacción. Todos los usos la ejercen automáticamente y en esa coacción anónima de que nadie es responsable, consiste lo propiamente social.

No es exclusivo de la ley que dispare su coacción sobre nosotros, aunque nosotros no la aceptemos e incluso aunque nosotros la ignoremos. Los usos establecidos nos oprimen mecánicamente sin contar con nuestra adhesión. Esto se ve claro si imaginamos que cada uno de los que acuden a una reunión social es, en el fondo de su conciencia, enemigo del saludo, por razones higiénicas o de otro orden. No obstante, todos se verán obligados a saludarse en la forma usual. Si quieren evitarlo tendrían que ponerse expresamente de acuerdo para eliminar el saludo, pero conste que esto supone esfuerzo y tiempo, y significa que ha llegado a constituirse en un nuevo uso -el uso de no saludar con un apretón de manos-. Los usos tardan mucho en formarse y tardan mucho en caer en desuso y ser sustituidos. Y como la historia es más que nada la historia de los usos colectivos, de aquí que sea lenta, tardígrada. Homero cita como un proverbio ya viejo en su tiempo que "los molinos de los Dioses -es decir, el destino histórico- muelen despacio". Esos molinos son los usos.

En todo momento, el individuo, la persona, vive prisionera en la trama inmensa de sus usos que su contorno humano mecánicamente le impone. Esto nos lleva a una idea de lo que es una sociedad que podría formularse así: sociedad es la convivencia de hombres sometidos a un determinado sistema de usos. Sin duda, ese sistema de usos, aunque muy lentamente, se va modificando con el tiempo. En cada momento observamos que ciertos usos están cayendo en desuso, es decir, que están perdiendo lo que les es más esencial: su validez, o como yo prefiero decir, tomando el término del vocabulario jurídico, su vigencia, su poder coactivo automático. Viceversa, otros comportamientos están en todo momento adquiriéndola, haciéndose vigentes. Y como un comportamiento por muy generalizado que esté no es propiamente uso sino cuando ha logrado ese peculiar carácter que es la vigencia, será mejor que llamemos a los usos "vigencias"; "inforcements". Cuando los usos son vigentes, ejercen sobre nosotros su presión impositiva. Mas por lo mismo, viceversa, podemos recurrir a ellos como a instancias superiores que nos amparan -lo mismo que la ley-. Sin tales instancias la convivencia humana sería imposible.

Entre los innumerables usos hay una clase de ellos que son los que ahora nos importan: los usos intelectuales, es decir, las opiniones reinantes. Esta expresión de la lengua vulgar -española, francesa y alemana- es sumamente certera. Hay, en efecto, en todo momento, un repertorio de ideas sobre el universo, sobre el hombre, sobre el Estado, sobre lo justo, etc., que efectivamente reinan y que reinan no constitucionalmente, sino dictatorialmente. Esas ideas efectivamente reinantes son las únicas que deberían denominarse "opinión pública". Cuando el instituto Gallup investiga lo que las gentes piensan sobre un tema y nos hace saber que 60 por 100 piensan A y 40 por 100 B, es palmario que averigua lo que ciertos grupos particulares de una sociedad opinan. Pero la "opinión pública" no es una opinión particular, aunque sea esta aritméticamente la más frecuente. No me es posible detenerme en un estudio suficiente en un estudio suficiente de lo que es la "opinión pública". Sólo diré que ostenta los mismos atributos que los demás usos, y por tanto que mientras es un uso intelectual vigente no depende de que coincidan con ella más o menos individuos. Recuerden lo que dije hablando sobre el saludo, en el caso de que todos los asistentes a una reunión social fuesen íntimamente opuestos al saludo. Puede, en efecto, darse y se ha dado el caso -bien que es un caso límite- de que una opinión pública conserve durante algún tiempo su vigencia, a pesar de que casi todos los individuos de una sociedad piensen de otra manera. El instituto Gallup investiga el modo de pensar que las gentes tienen sobre temas superficiales y momentáneas, es decir, precisamente sobre los temas acerca de los cuales no se ha formado una auténtica "opinión pública". La "opinión pública", en este sentido, constituye un estrato mucho más profundo; en rigor, el estrato básico que sustenta la estructura de una sociedad. Su investigación reaclama métodos muy distintos de los empleados por el Instituto Gallup.

Pues bien, señores, cuando se pregunta cuál es el fondo social del "management" europeo la respuesta primera y más importante debería ser, a mi juicio, un diagnóstico del estado en que se hallan las vigencias que más afectan al proceso de producción. Por ejemplo, cuál es la efectiva vigencia actual sobre quien debe mandar y quien debe obedecer. Cuál es la opinión pública, de verdad vigente, sobre el derecho de propiedad y sobre la figura de sociedad que era, hasta ahora, la nación. Y sobre el Estado y sus límites. Y sobre el individuo frente a la colectividad.

Yo me permitiría recomendar a los "managers" que no confíen demasiado en lo que vulgarmente se llama "opinión público", porque esta es casi siempre superficial y mudadiza. En cambio, deben esforzarse en estructurar cuáles son las efectivas vigencias que en la sociedad donde viven -y en su pueblo o nación- poseen efectivo poder impositivo, y que últimamente decidirán, más allá de todas las variaciones de la llamada opinión pública.

Sin duda, en su labor cotidiana el "manager" tiene que ocuparse de problemas sumamente concretos; cual va a ser el precio de las primeras materias en la temporada próxima; si los obreros van o no a pedir aumento de jornal; si los distintos departamentos de la empresa funcionarán con cohesión; si el capital apremia más o menos en la reclamación de dividendos; si se corre el peligro de perder un mercado concreto o si es posible ganar otro nuevo.

Es posible que hace cincuenta años, y salvas circunstancias muy singulares y momentáneas, ese repertorio de problemas concretos fuese lo único que debía interesar a un manager. Pero hoy no creo que pueda ser así. En efecto, al tratar de entrever cómo es el fondo social sobre el cual se ejercita hoy la labor del management, tropezamos en seguida con la sospecha de que ese fondo social no merezca, sin reservas, ser llamado fondo; es decir, algo estable, firme, sólido, donde tranquilamente se puedan afianzar los pies. No se trata sólo de que la estructura de nuestras sociedades europeas de hace cincuenta años haya sido sustituido por otra estructura de diferente forma, pero no menos estructurada, en cuyo caso el esfuerzo del manager consistiría simplemente en adaptarse a ésta. La verdad es que las sociedades actuales -y no sólo las europeas- se hallan en un estado móvil, fluido, son, diríamos, materia líquida sobre la cual los pies no pueden afianzarse. Sobre la sociedad actual no se puede andar como sobre una tierra firme; sólo se puede nadar.

Agradecería que al oir esto, como otras cosas que voy a decir, no se apresuren a clasificar de pesimistas o de optimistas mis apreciaciones. Con ello no se consigue más que nublar todo intento que hagamos para esclarecer un poco el estado presente de las cosas, que es ya de suyo se sobra complicado. Los que han dirigido las empresas europeas en los últimos veinticinco años aceptarán, creo, esta imagen mía de que no han anadado, sino que han nadado, y sin embargo han conseguido, a la fecha en que estamos, algo prodigioso: la reconstitución de la producción en Inglaterra, Francia, Italia y aun en Alemania, no obstantes su situación especial y extremadamente anormal. Por tanto, en el elemento líquido se puede trabajar y se puede avanzar. La cultura antigua, base de la nuestra europea, se inició en las costas griegas del Asia y especialmente en un grupo de hombres, ciudadanos de Mileto, que para discutir por vez primera en la historia humana problemas científicos, solían reunirse no en tierra sino en el mar, en un navío, y denominaron su asociación: los "aei naútai", los siempre navegantes. Sírvanos esto de símbolo.

Los que han conseguido esta casi milagrosa restauración de la producción europea -noten que no digo de la economía europea- lo han logrado gracias a admirables dotes de energía, constancia, perspicacia y, sobre todo, sobre todo, por haberse mantenido en actitud alerta. A mi juicio, esta actitud de alerta debe continuar porque en las sociedades europeas hoy nada es "going concern". Y ello se debe a que las vigencias principales que constituían, que sostenían nuestras sociedades, han ido perdiendo vigor y algunas se han volatizado sin ser sustituidas. Conviene, sin embargo, hacer constar la diferencia entre Inglaterra y los pueblos continentales, una diferencia que comprueba muy claramente la realidad de ese concepto de vigencia expuesto a ustedes por mí con arriesgada brevedad. Pues acontece que es Inglaterra el país donde la transformación de las formas sociales, la situación económica de las clases, por ejemplo, se ha modificado más profundamente sin que ello haya traído consigo perturbaciones ni turbulencias. ¿Cómo ha sido eso posible? Evidentemente porque ha podido ser hecho sobre el fondo inalterado de sus instituciones políticas tradicionales. Estas siguen gozando de vigencia en la vida colectiva de los ingleses y por eso en las visicitudes del cambio ha podido constantemente recurrirse, con plena eficacia, a la instancia suprema de ciertos principios políticos. Esto no acontece en los pueblos continentales y es una de las dificultades con que tropieza la efectiva restauración de la vida europea. Las instituciones políticas que hoy ejercen la gobernación no viven asentadas sobre un cimiento firme de últimos principios vigentes y que se impongan por sí mismos. Nada pone mejor de manifiesto lo que puede haber de verdad en mi concepto de vigencia social como el hecho de que incluso el Estado, que una consideración superficial nos presenta como la institución vigente por excelencia, necesita también ser respaldado y afirmado por otras vigencias que existan difusas en el cuerpo social. Sin éstas el Estado es sólo una situación de poder que no cuenta con garantías de perduración. Por falta de aquellas vigencias difusas, las instituciones políticas viven más bien de un equilibrio inestable y precario que por el momento se ha producido entre fuerzas políticas dispares y antagónicas. Se puede precisar más y decir que viven porque no hay otras de recambio.

Este es uno de los fenómenos más característicos de nuestro tiempo. Las gentes -insisto en que me refiero al Continente- no sienten entusiasmo o, por lo menos satisfactoria confianza en el régimen bajo el cual viven, pero, al mismo tiempo, no vislumbran en el horizonte ningún otro sistema de instituciones que les sea una luminosa promesa.

No era esto lo que en el pasado ha ocurrido. Cuando un régimen perdía prestigio, surgía frente a él una nueva figura de gobierno que se elevaba sobre el horizonte como un ideal. Esto daba lugar a revoluciones -momentáneas, aunque siempre por sí mismas lamentables-, pero tras ellas el nuevo régimen aparecía instalado con plena vigencia.

La causa de que la fuente de nuevos ideales políticos se haya secado es probablemente ésta: existe la espontánea tendencia a suponer que las posibles formas de gobierno son infinitas, de modo que cuando una se ha gastado otra surge cargada de promesas. Ahora bien, esta creencia es errónea. Como todas las cosas humanas, las formas de gobierno posibles son contadas, y cuando un pueblo o un conjunto de pueblos como Europa tiene tras si una larga historia, hay gran probabilidad de que ha ensayado ya todas, de que ha experimentado ya, junto a sus ventajas, sus deficiencias y peligros. No es fácil pues, que encuentre nuevas figuras de ideal político, al menos dentro de los límites nacionales. Claro que esto tiene una ventaja, a saber: que tras las experiencias del último cuarto de siglo se han hecho sumamente improbables las revoluciones.

Pero este mismo hecho de que no se entrevean nuevas figuras de régimen político debía haber bastado para consolidar los hoy establecidos en casi todos los pueblos del continente. Sin embargo, no ha sido así. En mi libro "La revolución de las masas", donde se habla de muchas otras cosas que no son las masas, hacía yo notar que el desprestigio del régimen democrático-parlamentario, tan acusado ya entonces -hace pues, casi treinta años- que él dio ocasión a los ensayos extravagantes y terribles que pronto habíamos de presenciar, se debía en gran parte a la incongruencia que existía entre aquellas instituciones tal y como entonces eran, y los nuevos problemas que habían surgido. En efecto, el proceso de producción y, por tanto, la economía de cada pueblo había comenzado ya desde algún tiempo atrás a depender constitutivamente de condiciones que trascendían las fronteras nacionales. De lo cual resultaba que para resolver problemas de área mucho más ancha que la nación nos e contaba más que con los pequeños instrumentos que eran las instituciones nacionales. En estos treinta años se ha ido haciendo esto cada vez más patente y van siendo cada vez más numerosos los que en todos los países postulan instituciones superracionales a la medida del gigantesco tamaño que han adquirido los problemas de la producción. Sin embargo, la idea de una economía europea está todavía muy lejos de constituirse en una vigencia a la cual quepa recurrir como a una instancia de efectos automáticos. Cada paso que en dirección a ella se logre tendrá que ser dado por el esfuerzo de grupos, aunque cada vez más nutridos, al fin y al cabo grupos particulares. Mientras tanto, seguirá ocurriendo lo que ha acaecido en estos tres últimos decenios: que el Estado nacional incapaz por sí de dar una solución a los problemas económicos que sea saludable, natural y que, en cierto modo, marche por si sola, se ve obligado a intervenir en ellos violentamente para lograr pseudos-soluciones de carácter efímero que dañan el porvenir de la producción misma.

La idea de Europa, y especialmente la de una economía europea unitariamente organizada, es la única figura que hallamos en nuestro horizonte capaz de convertirse en dinámico ideal. Solo ella podría curar a nuestros pueblos de esa incongruencia desmoralizadora entre la amplitud ultranacional de sus problemas y la exigüidad provinciana de sus Estados nacionales. Imagínese cual sería la situación de estos Estados si aquellos problemas que desbordan su capacidad fuesen encomendados a instituciones superracionales, quedando ellos exonerados de la responsabilidad de resolverlos. Sin duda, esto traería consigo un descenso de rango en los Estados nacionales, mas precisamente esto parece lo deseable, porque así quedarían ajustados a sus efectivas fuerzas, y su situación sería sana y limpia, y acabarían por recobrar el prestigio que hoy no tienen.

Pero todos, aun los que menos entendemos de estos asuntos, nos preguntamos si es, en efecto, posible unificar las economías nacionales. Cada una ha sido formada a lo largo de las visicitudes históricas en función de la forma de sociedad que ha sido característica de Occidente: la nación. Su propio y peculiar pasado, su lugar geográfico, su geologia gravitan sobre cada una de ellas. ¿Cómo es posible reducirlas a un común denominador? Nadie duda de que tarea tal es superlativamente problemática y difícil pero sería deseable que nadie dudase tampoco de que es ineludible. Para emplear la frase que estos meses esta de moda, digamos que no hay solución de recambio. Antes aludí con encomio y admirativamente al hecho de que muchos pueblos de Europa hayan conseguido a estas fechas reconstituir momentáneamente su producción. Pero hice la reserva de que eso no significa la reconstitución de sus economías. Aquel logro se debe a una serie de esfuerzos y auxilios anormales. Pero una economía no puede vivir de anormalidades, aunque éstas sean ejemplares y dignas de toda alabanza. Lo importante no es que hoy se produzca con plenitud sino la probabilidad de que mañana acontezca lo mismo. Y esa probabilidad no se conquista con soluciones de momento ni con esfuerzos heroicos, sino que es preciso resolverse a las grandes soluciones que penetran en la estructura profunda de la sociedad y modifican sus bases mismas. "La estructura básicamente nacional tiene que ser sustituida por una estructura básicamente europea". Si no se intenta eso con energía, seguiremos con economías nacionales a la defensiva, que es la más triste y peligrosa actitud para una economía. Y hallándose hoy la producción misma en el primer término de la vida colectiva, dependiendo de ella todo lo demás, es de la nueva forma que se acierte a darle de donde pudiera esperarse la única política de gran formato, la única que puede salvar la existencia de Occidente.

Pero esta transformación no podrá lograrse si no se hace otra cosa que lanzar desde arriba este o aquel proyecto de gran apariencia en que se intenta unificar algún capítulo de la producción. No pretendo al decir esto restar importancia a estos nobles intentos, pero a mi juicio es desde abajo desde donde hay que empezar, quiero decir desde las empresas singulares. ¿Cómo? Aquí es donde veo yo la ingente misión histórica de los directores de empresa, misión que inevitablemente cae sobre ellos por la situación excepcional en que se han encontrado. Sólo si los directores de empresa llegan a formarse una imagen, a la vez amplia y práctica, de cuáles son las condiciones elementales para una unificación de la economía europea y se resuelven a ir orientando la vida interior de sus empresas, en ese sentido podrá esperarse que el colosal cambio llegue a ser realidad. De aquí que sea tan oportuno el tema de esta reunión. Pero la contribución más eficaz de los directores de empresa y de los industriales aquí reunidos y representados sería hallar la manera de que, en reuniones primero locales y luego más amplias, continuasen trabajando en la aclaración de cómo es posible que las industrias nacidas, crecidas y modeladas bajo la vigencia de la idea de nación como figura máxima de las sociedades vulgarmente llamadas "pueblos", podrían vivir en una organización económica que trascienda los límites nacionales. La labor es ardua y viene a caer sobre hombres, los "managers", que están ya de sobra cargados de todos los conflictos que su industria particular plantea. ¿No es pedirles demasiado solicitar de ellos que además se formen una clara conciencia de aquella gigantesca transformación? Acaso lo es, pero se trata de una tarea que no cabe eludir: es su misión histórica. No son los políticos ni siquiera los teorizadores de la economía quienes pueden preparar las bases para tan profunda reforma: son ellos y sólo ellos.

Mas es posible que en muchos de ellos exista la resistencia a pensar en el proceso económico con una óptica superracional. Porque acontece que mientras tantas otras vigencias han perdido eficacia en los pueblos europeos, la idea de nación, contra todo lo que podía esperarse, manifiesta durante estos años un vigor tenacísimo.

Yo quisiera invitar a ustedes a reflexionar un momento sobre este punto, porque es, a mi juicio, el más importante que el fondo social presenta a la última eficiencia del "management". Durante el siglo XIX todos los pueblos europeos han practicado el nacionalismo, es decir, que no se contentaba cada cual con ser nación, sino que pretendía dar a su nacionalidad la máxima expansión posible y en algunos casos incluso a dominar a otros pueblos.

Este nacionalismo expansivo orientado hacia el exterior condujo a grandes controversias bélicas o diplomáticas entre las naciones que reiteraban sus odios y recelos. Es interesante observar que este odio y este recelo tenían su origen en la disputa por cosas concretas y precisas. No se olvide que en esta época se produjeron las luchas por las colonias y los mercados de exportación. Pero el carácter concreto de estas contiendas no impedían que los pueblos enfrentados se admirasen a causa de sus peculiares virtudes propias. Por ejemplo, se luchaba contra los ingleses, pero al mismo tiempo se les admiraba.

Esta nacionalismo dirigido hacia el exterior finalizó con las dos grandes guerras últimas, pero le sucedió otra forma completamente peculiar y extraña que vivimos y padecemos estos años. Ninguna nación europea pretende ya expandirse o predominar. Y sin embargo, su actitud, respecto a los demás, es negativa. Cada pueblo vive encerrado en sí, a pesar del evidentemente gigantesco intercambio mundial. Las mismas cosas que, por la fuerza de la situación, han de hacerse junto con los otros pueblos siguen siéndole, en último término, como ajenas a cada pueblo y resbalan sobre sus efectivos sentimientos. Este es un fenómeno para el que nadie estaba preparado: cada pueblo pretende hoy vivir conforme a su estilo propio y privado pero siente que sus modos de vida tropiezan con los ajenos. Lamento tener que hacer esta afirmación, pero creo que debo decirlo. Hoy ningún pueblo admira a otro; por el contrario se toma a mal y reprueba toda peculiaridad del otro pueblo, desde la manera de moverse hasta su modo de escribir y pensar. Este hecho significa que el "nacionalismo hacia fuera" se ha transformado en un acobardado "nacionalismo hacia dentro" o, para usar una feliz expresión francesa, en un "nationalisme rentré".

Nos encontramos pues, en una extravagante situación; mientras por un lado se habla más que nunca -porque no puede ser menos ya que los problemas, queramos o no, obligan a ello- de acuerdos superracionales y aun internacionales, por otro cada pueblo se siente en su interior menos abierto que nunca a los demás. Durante siglos la idea de Nación significó una magnífica empresa posible. Ante cada pueblo se abrían grandes posibilidades hacia el futuro, pero hoy la nación ha dejado de ser eso. La Nación aislada no tiene porvenir cuando se entiende la idea de nación solamente en el sentido tradicional. Y esta falta de porvenir reobra sobre la moral de los individuos en cada pueblo quitándoles brío, entusiasmo para el trabajo y rigorosa ética.

Añádase a esto que en los últimos años todos los demás pueblos del mundo se han contaminado de este nacionalismo europeo, haciendo con ello más difícil todas las cuestiones internacionales; no parece exagerado decir que es este nuevo nacionalismo el máximo estorbo que las colectividades europeas encuentran para salir a alta mar. Porque a esto hay que aspirar señores. Es preciso que los pueblos de Europa no se habitúen -y están corriendo el riesgo de ello- a contentarse con dar a sus conflictos falsas soluciones que sirven sólo para salir del paso por el momento, pero que, en realidad, no hacen sino perpetuarlos.

Hay, en cambio, un factor social en el proceso de producción que en estos años se va haciendo, no me atrevo a decir que favorable, pero si que resueltamente se va haciendo menos desfavorable: me refiero a la actitud de los obreros. Es asunto sobre el cual sólo puede hablarse con amplitud si el diagnóstico ha de ajustarse a la realidad y yo no tengo ahora tiempo para ello.. No es sólo la elevación en el nivel de vida del obrero ni la labor estimabilísima de los directores de empresa en lo que suele llamarse hoy "humans relations" lo que ha modificado el temple hostil que hace cincuenta años predominaba en ellos. Más importante ha sido en esta mutación el contraste entre lo que han conseguido las experiencias radicales hechas en algunos países para invertir la situación de los elementos actuantes en la producción -capital y trabajo- y lo que han conseguido otros países sin necesidad de aquellas dramáticas experiencias. Este contraste ha producido en el obrero una concepción más precisa de cuáles son en todo régimen -capitalista o comunista- las condiciones de la producción. Este crecimiento de la conciencia económica en el obrero, que verosimilmente no hará sino perfeccionarse, es uno de los mejores augurios para el porvenir.

Pero me es inexcusable, antes de terminar, rozar siquiera el hecho que más grave presión ejerce hoy sobre las economías europeas, y no sólo sobre las europeas. Vivimos, en efecto, desde hace años bajo la terrible amenaza de una inmensa guerra. No es necesario hacer constar que mientras esa amenaza subsista, no cabe hablar de una auténtica restauración en las economías nacionales ni aun en el caso de que éstas fuesen de algún modo unificadas en el gigantesco organismo de una economía europea. Comprenderán ustedes que yo no voy a pretender pronosticar si esa guerra tendrá lugar o no. El número de personas que la creen inevitable, o por lo menos suficientemente probable, es de sobra crecido para que los estados se vean forzados a su preparación. No voy a decir nada sobre esta posibilidad de una guerra por la sencilla razón de que desde un punto de vista general no hay nada que decir. Me interesa más llamar la atención de ustedes sobre la posibilidad contraria.

Es ya sorprendente no sólo la perduración de esa amenaza de guerra, sino que mirando al porvenir, no entrevemos cuando ni cómo esa amenaza va a cumplirse, de suerte que lo que en verdad vemos es sólo una prolongación indefinida de la amenaza como tal. Esto lleva a algunos, que no son pocos, a pensar que esa guerra inminente no acontecerá nunca, y ello no por azar o accidente, sino por la razón más sustantiva, a saber: porque la guerra se ha hecho imposible a sí misma. Las nuevas armas son de tal potencia que con ellas la guerra deja de ser guerra y se convierte en total destrucción. Repito que esto no es sino la otra posibilidad con que hay que contar. Ahora bien, esta posibilidad -la muerte de la guerra- sería algo completamente nuevo en la historia humana.

Y cualesquiera sean los grados de su probabilidad, convendría que se fuese meditando sobre ella porque se trataría de una situación sin precedentes cuyas consecuencias, que yo sepa, no se han representado todavía los hombres. Imaginemos por un momento que esa posibilidad se convirtiese un día de éstos en una notoria realidad. El júbilo de las gentes sería enorme. Por uno de sus lados, la guerra ha sido siempre una de las mayores pesadillas que han atormentado la existencia humana y he aquí que, súbitamente, esa forma terrible del destino se desvanecía. La contienda permanente entre pacifistas y belicistas quedaría eliminada. Muy bien: pero esa sería la ocasión excelente para reflexionar un poco sobre lo que la guerra ha sido en la existencia humana. Y entonces aparecería a nuestros ojos con plena claridad que la guerra no es una herencia de la vida animal -los animales no son guerreros- ni un instinto morboso que en nuestra especie hubiese surgido, sino que la guerra fue un invento humano. De este invento, como de casi todos los inventos, se ha abusado empleándolo muchas veces con trágica frivolidad. Pero el abuso es siempre el parásito de algo que tenía sentido, aunque en este caso el sentido fuese terrible.

La guerra, contemplada en su conjunto, como el hecho enorme que ha torturado la historia humana, ha sido, en efecto, un recurso extremo, y porque ha habido siempre entre los pueblos conflictos que no admitían una auténtica solución, tuvieron los humanos que inventar el instrumento inhumano de la contienda.

Mas he aquí que ahora se presenta la posibilidad de que ese instrumento se haya anulado a sí mismo, que la guerra sea imposible. ¿Cómo van a resolverse los conflictos que hasta ahora no tenían y que aún hoy no tienen solución? Es evidente que la humanidad se encontraría, en esta hipótesis urgentemente comprometida a movilizar los cerebros para inventar principios que sustituyan a la guerra, soluciones para lo que hasta ahora no tenía solución.

Por eso, señores, no bastaría, en el caso de esta posibilidad, con sentir júbilo. Hay obligación de ver con perfecta claridad el tremendo problema que surge tras de la posible muerte de la guerra.

Y no se trata de un tema académico, que despierte la fruición intelectual de temperamentos teóricos. Porque en cierto modo y grado es una realidad que está ya ahí. Pero no hace falta decidir si la guerra es ya imposible. Basta con advertir lo que parece incuestionable, a saber: que es ella tan difícil que prácticamente no se admite por ningún país la resolución de suscitarla. Y esto trae consigo lo que yo más temo y a que por otros motivos antes aludí: a que se habitúen las naciones a no resolver los problemas, a que éstos se perpetúen y a que la amenaza de guerra continúe indefinidamente gravitando sobre la vida colectiva. No creo que haya cosa que pueda afectar e interesar más a los hombres que directamente conducen el proceso de la producción, sino -lo repito- esa perpetuación de los problemas fundamentales, tanto económicos como políticos, que sufren actualmente nuestros pueblos europeos.

Trátase por tanto, de un grandioso proyecto. La paz - no esta o aquella paz como forma estable, acaso definitiva, de convivencia entre los pueblos- no es puro deseo, es una cosa y, por tanto, como tal necesita ser fabricada. Para ello es menester encontrar nuevos y radicales principios del Derecho. Europa ha sido siempre pródiga en invenciones. ¿Por qué no hemos de esperar que también consiga ésta?

LAS PROFESIONES LIBERALES

Las profesiones liberales son muchas y entre sí de figura muy diferente. Desde un consejo económico hasta un poeta el camino es largo. ¿Cabe, no obstante, descubrir algunos caracteres que sean a todas comunes y a la vez las diferencien de las profesiones no liberales? El nombre nos viene -como tantos otros nombres que manejamos- de la antigüedad, lo cual no es, sin más una recomendación. La antigüedad -griegos y romanos- nos han enseñado, sin duda, muchas cosas, pero también gravitan sobre nosotros excesivamente, imponiéndonos modos de pensar y de pensar que son por completo arcaicos, obra muerta. Así, al menos en su primer aspecto, el nombre de profesiones liberales artes liberales decían los romanos frente a artes serviles-. Esta distinción contrapone dos tipos o clases de ocupación, desentendiéndose de la actividad en que esa ocupación consiste y calificándola no por ella misma sino por el tipo de hombre que normalmente la ejercitaba. En la profesión liberal el libre era el sujeto y su libertad constituía un estado social perfectamente determinado y jurídicamente definido. En nuestro tiempo todos los hombres son jurídicamente libres y su estado social se va haciendo más homogéneo. De aquí que el término "profesión liberal" signifique para nosotros otra cosa y que esta vez se refiera directamente a una clase de ocupaciones y actividades. ¿Cuáles? Por un lado, las distinguimos bien de las ocupaciones predominantemente manuales y, más en general, corporales. Digo esto porque el pastor no es propiamente un obrero manual, pero la actuación de un pastor es, ante todo, la de un cuerpo humano. Viceversa, la cirugía es un ejercicio de la destreza manual, pero, aún siéndolo, predomina en él el saber anatómico, físico y patológico, la reflexión, el juicio certero. La profesión liberal es pues, predominantemente una ocupación intelectual. Pero no basta, tal vez con este atributo. Cuando leo en el programa de este Congreso los nombres de las profesiones que van a exponer sus problemas particulares, no encuentro en la lista los títulos profesionales de profesor, de ingeniero ni de burócrata, no obstante ser todos ellos personas que viven de ejercitar actividades intelectuales muy acusadas. ¿Qué razón hay para que esta asociación no estén representadas esas profesiones? Yo no encuentro más que una: las profesiones libres aquí asociadas se caracterizan, aparte de ser ejercicio intelectual, porque no se ejercitan corporativamente. Profesor y burócrata actúan insertos en la máxima corporación que es el estado y los ingenieros, en muchos países, por ejemplo en España, constituyen una corporación, son un "cuerpo". Por tanto, la profesión liberal, en este sentido más restringido, es aquella en que el individuo actúa suelto, por sí y ante sí. Que esto acontezca, que haya ocupaciones las cuales, por lo visto, reclaman, o por lo menos, tienden a ser cumplidas individualmente es el rasgo más saliente de la profesión liberal que nos orienta para descubrir sus condiciones internas y su peculiar situación en la sociedad actual.

En las ocupaciones manuales el individuo como tal, es decir, este determinado individuo, no representa papel alguno. Salvo operaciones que exigen una insólita destreza, suponiendo que las haya, el obrero no cuenta en cuanto determinado individuo. Es el individuo abstracto, esto es, vacío de su concreta individualidad. Por eso es esencialmente sustituible. La labor que cumple puede ser igualmente realizada por cualquier otro individuo. No se exige de él nada especial, y en rigor, su persona queda contraída hasta significar exclusivamente un número de horas de trabajo. Al desaparecer su personalidad para los efectos de su trabajo, es natural al obrero sumergirse, fundirse en un grupo, en una colectividad, como por ejemplo un Sindicato. Sus necesidades y sus exigencias son comunes, no diferenciales y por eso no actúa socialmente por sí mismo ni desde sí mismo, sino como bloque gremial. Dejemos ahora el grave problema moral y social que representa desde este punto de vista el caso del obrero manual, es decir, el caso de un hombre cuyo trabajo no tiene relación individual, personal con él mismo. Su obra es anónima e indiferenciada, desindividualizada, despersonalizada. Pero nuestro tema no es el obrero, sino precisamente lo que menos se parece a él, lo que viene a ser el otro polo de las ocupaciones humanas: la profesión liberal. Mas lo dicho nos sirve, por contraste, para hacer resaltar las peculiares condiciones de ésta.

En la profesión liberal el hombre actúa formalmente como individuo concreto, con sus condiciones personalísimas. Su actividad tiene siempre una dimensión de creación. No consiste en repetir un comportamiento "Standard". Se exige de ella que sea siempre, más o menos, invención, que el profesional reaccione en cada caso de un modo original. Esto significa que las profesiones liberales requieren dotes muy especiales que sólo se dan en individuos determinados y, aún en estos, con diferente grado. La profesión liberal, en suma, supone talento o dotes.

Mas el talento, aunque se origina en una capacidad nativa del individuo no consiste sólo en ella: implica que ese don gratuito ha sido con grande y constante esfuerzo desarrollado y educado. En nuestra época, obsesionada por el obrerismo, no consta debidamente que el trabajo realizado por el profesional libre para poner en punto su talento, es -medido en horas y en intensidad- muy superior al empleado en cualquier oficio manual. Digo esto no porque sienta yo interés alguno en jerarquizar ambos esfuerzos, sino porque cuando se habla de una ocupación que supone talento, suele olvidarse ese factor de enorme esfuerzo sobre sí mismo que el hombre de talento cumple, y con ello se deja en la penumbra algo decisivo en las condiciones internas de la profesión liberal, a saber, que aquel esfuerzo es de constancia e intensidad tales que su cumplimiento no puede explicarse por la perspectiva de una compensación económica o de cualquier otro orden. No quiero decir con ello que estas compensaciones no inciten parcialmente a ese esfuerzo y contribuyan a sostenerlo, pero sí que últimamente no lo hacen comprensible. Sólo es inteligible si se admite que había en el individuo, junto a la dote nativa, un entusiasmo y complacencia de toda su persona por aquella ocupación que hace de esta, por decirlo así, la sustancia de la persona. Nos hallamos, pues, con el caso opuesto al del obrero, cuyo trabajo es ajeno, extrínseco a su individualidad. En la profesión liberal la ocupación pertenece a lo más personal de la persona. Esta es, en principio, inseparable de aquella. Ahora bien, un esfuerzo continuado que no nos viene impuesto desde fuera, sino que, por el contrario, emerge del propio sujeto hasta el punto de que sólo sumergido en él se siente feliz, es lo que llamamos vocación.

Con lo cual hemos dado vista a los dos caracteres más íntimos y, a la vez diferenciales de la profesión liberal frente a las demás, a saber: que supone talento y vocación.

Esto trae consigo una situación del profesional libre ante la sociedad que es sobremanera compleja, inestable y que ha sido siempre problemática.

Hagámonos presentes, porque afectan mucho a esa situación, ciertas cosas elementales. La sociedad exige del profesional libre capacidades muy especiales, relativamente infrecuentes. Pero hay más. Talento y vocación son magnitudes variables. Hay un más o un menos de talento, hay un más y un menos de vocación. Esto trae consigo que en la profesión libre los individuos aparecen jerarquizados ante la sociedad. Esta no sólo necesita un médico, sino que reclama un buen médico y, a ser posible, el mejor médico. No basta, pues, al profesional libre ejercitar su actividad con un mínumum de suficiencia para esperar que la sociedad lo acepte y sostenga. En toda profesión liberal se da una lucha por la preferencia social entre los individuos que la sirven. En algunas profesiones esta lucha es extrema porque la diferencia de poder social entre el gran médico, el gran artista, el gran escritor y los demás colegas, es enorme. Y aquí tropezamos ya con la importancia extrema que el carácter general de nuestro tiempo, las tendencias predominantes hoy en la sociedad, puede influir desastrosamente en las profesiones liberales. Porque si sigue predominando la manía de igualitarismo que hoy domina la vida histórica acontecerá -y ya ha empezado a acontecer- que dentro de la profesión liberal misma los menos dotados buscarán apoyo en el estado para que éste regimente la profesión, de modo que todos los que la ejercitan queden colocados socialmente, y esto significa económicamente al mismo nivel. Yo no tengo conocimiento de qué espíritu domina en esta Asociación, pero he de decir que en otras naciones las asociaciones similares propenden enérgicamente a procurar esa nivelación.

Esta observación que es tan obvia nos pone de manifiesto cómo la profesión liberal es de naturaleza tan vulnerable que puede ser dañada fácilmente por los mismos que la ejercitan. No hay, en efecto, por el tipo de sus hombres y el carácter de su actividad, función más delicada en el cuerpo social. Y sin embargo nunca ha logrado constituirse buenas defensas que aseguren con regularidad condiciones favorables para su ejercicio. De aquí que sea como un milagro histórico que hayan llegado a la perfección que hoy poseen. Han vivido poco menos que entregadas al puro azar. Si hiciésemos aunque fuese esquemáticamente, la historia de su pasado, veríamos la inestabilidad de su situación social. Los pintores, por ejemplo, que durante el siglo XVI y la primera mitad del XVII viven en Italia con el rango de príncipes, decaen inmediatamente hasta ser considerados como unos artesanos y así continúan hasta 1850 en que su rango vuelve a elevarse. En estas variaciones de nivel social influyen sobremanera, ni qué decir tiene, el grado de estimación que la actividad en cuestión goce en la sociedad. Pronto hablaremos un poco sobre este punto que es hoy de enorme importancia para ciertas profesiones liberales.

Pero es preciso antes hacerse presente que esas variaciones en la buena fortuna de estas profesiones se originan últimamente en un factor general, que es una de las grandes variables históricas. No obstante su importancia, sorprende que no haya sido estudiado nunca directamente. Me refiero al margen o ámbito que cada época de la historia ha dejado al individuo. Durante el siglo pasado, la fe en el progreso que dominaba en casi todas las mentes, llevaba a suponer como una cosa que va de suyo, que la valoración del individuo como tal y el consecuente otorgamiento de facilidades para su existencia, no ha hecho sino crecer constantemente en la historia. Ahora bien, esto es un completo error. Ha habido una alternación de épocas que podemos llamar "individualista" y épocas "colectivistas". Pero es preciso hacer la advertencia adjunta de que aquellas, las individualistas, han sido sumamente escasas y sumamente breves hasta el punto de que puede considerarse lo normal en la historia, la comprensión del individuo por poderes anónimos. Una situación como la que ha gozado, por lo menos aparentemente, el individuo durante el siglo XIX es, tal vez, única en la historia. Y ello fue la causa de que durante esos cien años prosperasen las profesiones liberales de modo incomparable. Por eso me interesaba hacer notar, desde el principio, que la profesión liberal significa el prototipo de la ecuación individual. La cuestión que más importa a vuestras profesiones es determinar si la actitud básica de las sociedades actuales es favorable o adversa a la individualidad.

Gran sorpresa ha causado a muchos que con enorme rapidez -al menos aparente- y como si fuese la cosa más natural del mundo, hayamos pasado a una estructura social que es la más opuesta a la del siglo XIX. Bien patente es que hoy predominan las formas de actuación colectivas, y que el individuo no encuentra ante sí apenas espacio social suficiente para su obra personal. Voy ahora como ejemplo, a hacer una ligera alusión a un hecho que es sobremanera representativo. En Francia, que era el país donde más estimados eran los escritores, tienen éstos hoy que vivir de escribir en los periódicos. Ahora bien, la colaboración en los periódicos significa una como burocratización de la inteligencia, el periódico obsesamente dirigido a la masa de los lectores se deja, sin remedio, penetrar hasta el fondo por su modo de ser, de sentir y de pensar, y el escritor queda apretado por los problemas momentáneos que interesan a la gente y por lo que ésta opina y espera. De aquí que a la literatura francesa, ya en declinación, haya perdido toda originalidad y todo ímpetu.

Pero este cambio de lo individual a lo colectivo ha sido sólo súbito en apariencia. Por debajo del individualismo vigente del siglo XIX se venía preparando la conversión, y algunos pensadores se dieron ya perfecta cuenta de ello.

En Macaulay, en Tocqueville, en Comte encontramos predibujada nuestra hora. Véase por ejemplo, lo que hace más de ochenta años escribía Stusrt Mill: "Aparte las doctrinas particulares de pensadores individuales, existe en el mundo una fuerte y creciente inclinación a extender en forma extrema el poder de la sociedad sobre el individuo, tanto por medio de la fuerza de la opinión, como por la legislativa. Ahora bien, como todos los cambios que se operan en el mundo tienen por efecto el aumento de la fuerza social y la disminución del poder individual, este desbordamiento no es un mal que tienda a desaparecer espontáneamente, sino, al contrario, tiende a hacerse cada vez más formidable. La disposición de los hombres, sea como soberanos, sea como conciudadanos, a imponer a los demás como regla de conducta su opinión y sus gustos, se halla tan enérgicamente sustentada por algunos de los mejores y alguno de los peores sentimientos inherentes a la naturaleza humana, que casi nunca se contiene más que por faltarle poder. Y como tal poder no parece hallarse en vía de declinar, sino de crecer, debemos esperar, a menos que una fuerte barrera de convicción moral no se eleve contra el mal, debemos esperar, digo, que en las condiciones presentes del mundo esta disposición no hará sino aumentar" (Stuart Mill: La Libertad. Cap.I).

Pero lo que más nos interesa en Stuart Mill es su preocupación por la homogeneidad de mala clase que veía crecer en todo Occidente. Esto le hace acogerse a un gran pensamiento emitido por Humboldt en su juventud. Para que lo humano se enriquezca, se consolide y se perfeccione es necesario, según Humboldt, que exista "variedad de situaciones". Dentro de cada nación, y tomando en conjunto las naciones -agrego yo-, es preciso que se den circunstancias diferentes. Asi, al fallar una quedan otras posibilidades abiertas. Es insensato poner la vida europea a una sola carta, a un solo tipo de hombre, a una idéntica "situación". Evitar esto ha sido el secreto acierto de Europa hasta el día, y la conciencia de ese secreto es la que, clara o balbuciente, ha movido siempre los labios del perenne liberalismo europeo. En esa conciencia se reconoce a sí misma como valor positivo, como bien y no como mal, la pluralidad continental. Me importaba aclarar esto para que no se tegiversase la idea de una supernación europea que siempre he defendido.

Tal y como vamos, con mengua progresiva de la "variedad de situaciones", nos dirigimos en vía recta hacia el Bajo Imperio. También fue aquel un tiempo de masas y de pavorosa homogeneidad. Ya en tiempos de los Antoninos se advierte claramente un extraño fenómeno, menos subrayado y analizado de lo que debiera: los hombres se han vuelto estúpidos. El proceso venía de tiempo atrás. Se ha dicho, con alguna razón, que el estoico Posidonio, maestro de Cicerón, es el último hombre antiguo capaz de colocarse ante los hechos con la mente porosa y activa, dispuesto a investigarlos. . Después de él, las cabezas se obliteran y salvo los Alejandrinos, no van a hacer más que repetir, estereotipar.

Pero el síntoma y documento más terrible de esta forma, a un tiempo homogénea y estúpida -y lo uno por lo otro-, que adopta la vida de un cabo a otro del Imperio, está donde menos se podía esperar y donde todavía que yo sepa, nadie lo ha buscado suficientemente: en el idioma. La lengua, que no nos sirve para decir suficientemente lo que cada uno quisiéramos decir, revela en cambio y grita, sin que lo queramos, la condición más arcana de la sociedad que la habla. En la porción no helenizada del pueblo romano, la lengua vigente es la que se ha llamado "latín vulgar", matriz de nuestros romances. No se conoce bien este latín vulgar y, en buena parte, sólo se llega a él por reconstrucciones. Pero lo que se conoce basta y sobra para que nos produzcan espanto dos de sus caracteres. Uno es la increíble simplificación de su mecanismo gramatical en comparación con el latín clásico. La sabrosa complejidad indo-europea, que conserva el lenguaje de las clases superiores, quedó suplantada por un habla plebeya, de mecanismo muy fácil, pero a la vez, o por lo mismo, pesadamente mecánico, como material: gramática balbuceante y perifrástica, de ensayo y rodeo como la infantil. Es, en efecto, una lengua pueril que no permite la fina arista del razonamiento ni líricos tornasoles. Es una lengua sin luz ni temperatura, sin evidencia y sin calor de alma, una lengua triste, que avanza a tientas. Los vocablos parecen viejas monedas de cobre, mugrientas y sin rotundidad, como hartas de rodar por las tabernas mediterráneas. ¡Qué vidas evacuadas de sí mismas, desoladas, condenadas a eterna cotidianidad de adivinan tras este seco artefacto lingüístico!

El otro carácter aterrador del latín vulgar es precisamente su homogeneidad. Los lingüistas, que acaso son después de los aviadores, los hombres menos dispuestos a asustarse de cosa alguna, no parecen inmutarse ante el hecho de que hablasen lo mismo paises tan dispares como Cartago y Galia, Tinguitania y dalmacia. Hispania y Rumanía. Yo, en cambio, que soy bastante tímido, que tiemblo cuando veo que el viento fatiga unas cañas, no puedo reprimir ante este hecho un estremecimiento medular. Me parece sencillamente atroz. Verdad es que trato de representarme cómo era por dentro eso que mirado desde fuera nos aparece tan tranquilamente como homogeneidad; procuro descubrir la realidad viviente de que ese hecho es la quieta impronta. Consta, claro está, que había africanismos, hispanismos, galicismos. Pero al constar esto quiere decirse que el torso de la lengua era común e idéntico, a pesar de las distancias, del escaso intercambio, de la dificultad de comunicaciones y de que no contribuía a fijarlo una literatura. ¿Cómo podían venir a coincidencia el celtíbero y el belga, el vecino de Hipona y el de Lutetia, el mauritano y el dacio, sino en virtud de un achatamiento general, reduciendo la existencia a su base, nulificando sus vidas? El latín vulgar está ahí, en los archivos, como un escalofriante putrefacto testimonio de que una vez, la historia agonizó bajo el imperio homogéneo de la vulgaridad por haber desaparecido la fértil "variedad de situaciones".

¿Puede hoy un hombre de veinte años formarse un proyecto de vida que tenga figura individual y que, por tanto, necesitaría realizarse mediante sus iniciativas independientes, mediante sus esfuerzos particulares? Al intentar el despliegue de esta imagen en su fantasía, ¿no notará que es, si no imposible, casi improbable, porque no hay a su disposición espacio en que poder alojarla y en que poder moverse según su propio dictamen? Pronto advertirá que su proyecto tropieza con el prójimo, como la vida del prójimo aprieta la suya. El desánimo le llevará, con la facilidad de adaptación propia de su edad, a renunciar no sólo a todo acto, sino hasta a todo deseo personal, y buscará la solución opuesta; imaginará para sí una vida "Standard" compuesta de "desiderata" comunes a todos y verá que para lograrla tiene que solicitarla o exigirla en colectividad con los demás. De aquí la acción en masa.

La cosa es horrible, pero no creo que exagero la situación efectiva en que van hallándose casi todos los europeos. En una prisión donde se han amontonado muchos más presos de los que caben, ninguno puede mover un brazo ni una pierna por propia iniciativa, porque chocaría con los cuerpos de los demás. En tal circunstancia, los movimientos tienen que ejecutarse en común, y hasta los músculos respiratorios tienen que funcionar a ritmo de reglamento. Esto sería Europa convertida en termitera. Pero ni siquiera esta cruel imagen es una solución. La termitera humana es aún posible, porque el llamado "individualismo" fue quien enriqueció al mundo y a todos en el mundo y fue esta riqueza quien prolificó tan fabulosamente la planta humana. Cuando los restos de este "individualismo" desaparecieran, haría su reaparición en Europa el famelismo gigantesco del bajo Imperio, y la termitera sucumbiría como al soplo de un dios torvo y vengativo. Quedarían muchos menos hombres, que lo serían un poco más.

Por fortuna, no es ésta aún la situación actual, aunque va el Occidente y acaso todo el mundo, camino de ella. Aún es posible que ciertas minorías de hombres bien dotados reobren contra el tiempo. Pero esto es lo que más se echa de menos desde hace decenios. No creo que las líneas generales del colectivismo puedan ser ni evitadas ni modificadas en grado suficiente, pero si es posible salvar dentro de ellas ciertas formas de vida, de actuación individual, y el intentarlo sería el papel histórico de las profesiones liberales. Los esfuerzos que en este sentido se hagan tienen, sin embargo, que contar con dos factores que durante algún tiempo estorbarán gravemente para que logren triunfar.

Uno de ellos debe ser claramente enunciado, evitando eufemismos. Se trata de los efectos que para la atmósfera pública de Occidente ha traído la crisis de la cultura. Estos efectos consisten en que los valores de la inteligencia son escasamente estimados, de suerte que las profesiones liberales no pueden, como hace cuarenta o cincuenta años, apoyarse en un reconocimiento público de sus peculiares necesidades e imprescindibles privilegios. El hecho se nota menos en Alemania porque habiendo llegado al extremo, en la etapa antecedente, de la falta de respeto a la inteligencia, goza este país ahora de una venturosa reacción a favor de ella. Esto se manifiesta en el claro hecho de ser, tal vez, la única gran nación donde el mercado del libro no está en crisis.

Esta degradación del entusiasmo por la inteligencia es uno de los fenómenos más sorprendentes de los últimos treinta años. Es un fenómeno enigmático. Porque el caso es que durante estos tres decenios, a pesar de las inquietudes y catástrofes, las ciencias han seguido avanzando de una manera gloriosa y han proporcionado al hombre medios técnicos con los cuales ni siquiera se había soñado. Lo natural sería que habiendo fracasado y traído terribles sufrimientos a todo el Occidente los demás grandes poderes históricos, la eficacia que la ciencia ha conservado y aumentado hubiera hecho de ella un ídolo para las gentes. Mas no es así: benefician de sus resultados, pero no están dispuestas a reconocer la superioridad de sus autores. Hace veinticinco años hablé ya de esto en mi libro "La rebelión de las masas". Pero es que la inteligencia es el superlativo de la individualidad, y las masas detestan a los individuos únicos, aceptan sólo los individuos intercambiables.

Ni vale decir que se desestima a la inteligencia porque no ha resuelto todos los problemas humanos, porque nunca ha pretendido poderlo hacer. La inteligencia sabe muy bien que si todos los problemas humanos fueran resueltos, la humanidad se moriría de resultas de ello, porque el hombre es un ser hecho para existir en lo problemático, para ser espoleado por la conciencia y el dolor de sus problemas. Pero menos verídico es acusar a la inteligencia de las catástrofes que han sobrevenido en el último tiempo. En 1937 -antes, pues, de la gran guerra- me ocurrió escribir en unas páginas no traducidas aún al alemán: "Una vez más va a acontecer lo que es casi normal en la Historia, a saber: que fue predicha por ciertos hombres. Pero una vez más también los políticos no harán caso de esos hombres. Eludo precisar a qué gremio pertenecen los profetas. Baste decir que en la fauna humana representan la especie más opuesta al político. Siempre será éste quien deba gobernar, y no el profeta; pero importa mucho a los destinos humanos que el político oiga siempre lo que el profeta grita o insinúa. Todas las grandes épocas de la Historia han nacido de la sutil colaboración entre esos dos tipos de hombre. Y tal vez una de las causas profundas del actual desconcierto sea que desde hace dos generaciones los políticos se han declarado independientes y han cancelado esa colaboración. Merced a ello, se ha producido el vergonzoso fenómeno de que, a estas alturas de la Historia y de la civilización, navegue el mundo más a la deriva que nunca, entregado a una cierta mecánica. Cada vez es menos posible una sana política sin larga anticipación histórica, sin profecía. Acaso las catástrofes presentes abran de nuevo los ojos a los políticos para el hecho evidente de que hay hombres los cuales, por los temas en que habitualmente se ocupan, o poseer almas sensibles como finos registradores sísmicos, reciben antes que los demás la visita del porvenir.

Hoy, casi veinte años después, me pregunto cómo están en este punto las cosas. Aparentemente no ha habido cambio. Es más, en la mayor parte de las naciones gobiernan los mismos hombres que entonces o sus similares. Que en Alemania no acontezca esto no debe desorientar a ustedes sobre el panorama que ofrece el conjunto de Europa. El hecho de que gobiernen los mismos hombres es, ya por si, un fenómeno que merece ser analizado para extraer de él todo el sentido que tiene. ¿Qué significa? ¿Por ventura puede ser síntoma de que la situación, el estado de la opinión pública, los problemas hoy planteados a cada nación son los mismos que los de hace un cuarto de siglo? Evidentemente no. ¿Entonces por qué representan a muchos pueblos de Europa esos hombres de otro tiempo? ¿En qué puede proseguir la vida de hace un cuarto de siglo? Nadie dudará de que esto no es posible. La vida nueva de Europa y del mundo todo es tan nueva, de figura tan sorprendente, que apenas nada del pasado, va a poder perpetuarse. Si hay algo que hoy sintamos claramente es que nos hemos quedado sin pasado, o dicho de otra manera, que el pasado no nos sirve. El pasado vive para el hombre referido al futuro porque la vida es una operación que se hace hacia delante. Estamos siempre en el futuro, somos primero que nada temor y esperanza, que son dos emociones suscitadas por el porvenir. La razón de ello es sencilla: el porvenir es lo que no está en nuestra mano, es lo problemático por excelencia.

    Ante el perfil de problemas que en cada momento el futuro presenta al hombre, éste busca los medios con que cuenta para resolverlos, es decir, vuelve la mirada hacia atrás y descubre el pasado como arsenal de instrumentos y como archivo de ejemplos e inspiraciones para afrontar el futuro. Mas cuando el problematismo de éste es extremo, como ahora acontece, el pasado no nos ofrece sugestiones aprovechables. Esto es lo que llamo "haber perdido el pasado". El hombre se encuentra hoy ante el mañana como desnudo de pretérito. Sobre esto he hablado ampliamente en mi estudio que en breve aparecerá bajo el título "Pasado y porvenir para el hombre actual".

Ahora bien, esa vida inexorablemente, dramáticamente nueva que viene hacia nosotros, no es hoy visible en parte alguna. En todas partes aparece un como tácito acuerdo de seguir en lo usado. Esta extraña situación que estamos viviendo en estos tres últimos años sólo se entiende si la diagnosticamos diciendo que la vida de Occidente, en todo lo esencial, que no es solo "going concern" -es decir, lo imprescindible- está "suspendida". Y esto explicaría que los viejos políticos puedan persistir. Es inevitable que nos preguntemos: ¿por qué está suspendida la vida histórica de Occidente? En seguida voy a intentar dar expresión a la causa que sospecho ha producido tan extraña situación. Pero antes quiero decir, volviendo a los políticos que hoy gobiernan -repito, fuera de Alemania: Alemania es un caso aparte de que hoy no quisiera ocuparme porque me obligaría a demasiado largas consideraciones- que no me parece excesivo optimismo percibir en detalles de su actitud un fondo de cansancio Están cansados de ser políticos porque han descubierto que la situación del mundo es mucho más hondamente problemática de lo que suponían y tienen conciencia de que no la entienden. Por eso por primera vez desde hace treinta años empiezan a buscar con el oído lo que opinan aquellos otros hombres, de que antes hablaba, que no son políticos, pero ven el porvenir. Tal vez no haya hecho, en esta hora, que sea mejor alimento para el optimismo. Porque si ellos se encuentran en este estado de ánimo, si han perdido la fe en sí mismos, algo semejante tiene que existir en las grandes masas que ellos representan. Como los políticos, las masas empiezan a estar cansadas. ¿De qué? Pues precisamente de eso, de ser masa. Sienten que su indocilidad ha causado las grandes catástrofes y empiezan -aunque aún muy lentamente- a sentir la necesidad de piloto. Si esto que, repito, sólo es mi sospecha se confirmase, las profesiones liberales podrían contemplar un horizonte sumamente favorable: el individuo y la inteligencia recobrarían mayor poder social.

Pero vamos ahora al segundo factor que estorba transitoriamente -noten que digo transitoriamente- para que las profesiones liberales reconquisten la estimación que los corresponde en la atención pública y, recobrando contra el tiempo, creen nuevas formas de actuación individual. Este segundo factor es materia grave y delicada. Por eso antes de decir nada sobre él necesito hacer constar de la manera más expresa que rechazo de antemano toda interpretación de mis palabras que no se ajuste exactamente a éstas y, sobre todo, a su conjunto. Acabo de decir que la vida histórica de Occidente está supeditada y por eso estamos viviendo dentro de formas sociales, políticas, doctrinales, las cuales tanto práctica como teóricamente todos sentimos como inactuales y que reclaman ser sustituidas por otras. Para citar sólo un ejemplo, si bien de gran tamaño: hoy seguimos viviendo en Occidente dentro de la forma de existencia colectiva que es la Nación. Ahora bien, es de sobra patente que esa figura de convivencia -la Nación- no puede proyectarse sobre el porvenir, al menos con los caracteres que hasta ahora poseía. Basta con referirse a lo económico. Es cosa de sobra clara que la economía nacional no puede ser nacional en el sentido en que hasta ahora lo ha sido. Los problemas económicos, por su propia estructura, saltan los límites de las fronteras y son ya una realidad ultra-nacional. Esta nueva realidad se imponía tan enérgicamente que no era posible dejar de hacer algunos vagos gestos en dirección a ella. Pero todos ustedes reconocerán que esos gestos ostentaban una total debilidad y falta de resolución que subrayaban el estilo general de la vida europea en estos últimos años, estilo que se caracteriza por estas dos actitudes contradictorias: de un lado, ver con toda evidencia que hay que acometer ciertas grandes innovaciones; de otro lado, sentir que falta la decisión enérgica de realizarlas. Esta combinación contradictoria es típica de lo que he llamado "vida europea suspendida". Y si nos preguntamos qué es lo que frena la energía para decidirse, de verdad, a acometer esas grandes innovaciones, la respuesta acude pronto a la mente de todos: es la amenaza de una tercera guerra mundial. Y aquí es donde yo quisiera atreverme a expresar mis sospechas sobre cuál es la verdadera situación del mundo en estos días que estamos viviendo.

¿Se ajusta bien a la realidad decir simplemente que sobre el mundo gravita desde hace años la amenaza de una gran guerra? Esta amenaza dura ya demasiado tiempo, y lo que es más sorprendente, cuando intentamos representarnos el porvenir no vemos en él que la amenaza vaya a cumplirse, que la guerra estalle. Lo único que vemos como máximamente probable es que la amenaza de guerra va a proseguir indefinidamente. Situación semejante no creo que se haya dado nunca. Otros creen más adecuado definirla diciendo que estamos ya en guerra, pero que esa guerra es una "guerra fría". Ahora bien, una guerra fría no es una guerra.

Todas estas calificaciones, por la contradicción que enuncian, sirven sólo para ocultar la verdadera realidad, que por ser nueva no se deja ver fácilmente.

Intentemos contemplarla bajo otro ángulo. Imaginen ustedes que las nuevas armas atómicas, por su excesivo poder destructor, hagan imposible la guerra. Si esto fuese así, si la guerra hubiese muerto, habríamos llegado a una situación totalmente nueva en la historia humana. Como la guerra es siempre un acontecimiento terrible, nuestro primer movimiento sería de contento. Pero, tenemos obligación de reflexionar serenamente sobre lo que la muerte de la guerra significa.

Hacia 1640 el rey de España, Felipe IV, se encontró ante la forzosidad de declarar la guerra a Francia, que, siguiendo la política de Richelieu, combatía por todas partes a los Habsburgo. Mas antes de tomar tan grave resolución reunió al Consejo Supremo de Castilla para oír la opinión de los grandes dignatarios. Uno tras otro fueron emitiendo su dictamen. El último que habló fue el hombre más respetable y respetado con que España entonces contaba, el viejo cardenal Borja; descendiente de la famosa familia que en Italia se llamó Borgia. El viejo cardenal comenzó su discurso con esta frase que a mi me parece admirable: "La guerra, Señor, es el remedio de las cosas que no tienen remedio". No puede decirse con menos palabras la gran verdad de que la guerra, realidad de caracteres tan negativos, es, ha sido una invención humana para resolver problemas que no podían resolverse de otra manera.

Pero he aquí que llega un momento en que -a nuestro juicio- no puede haber ya guerra porque la guerra, con sus nuevas armas, se ha hecho imposible a sí misma. Es evidente que entonces la humanidad se ve obligada a inventar otro medio para resolver los problemas que son, de otro modo, insolubles. Nadie dudará de que ese medio no es fácil de hallar. Esto traerá para la humanidad una etapa, sin duda transitoria, pero de sobra larga en que después de haber sufrido tantos siglos por la guerra, va a tener que padecer algún tiempo, no cabe predecir cuánto, de la desaparición de la guerra, de la falta de guerra.

Esto es sólo una imaginación mía, pero invito a ustedes a que mediten un poco sobre ella.

Tal es mi explicación de que el horizonte histórico continúe siendo inestable y no haya gran probabilidad de que en breve tiempo vuelva a aquietarse. Ahora bien, mientras ese horizonte no quede quieto y firme, todo lo que pase en nuestros pueblos será provisorio y falto de autenticidad. Yo lamento no poder mostrar a ustedes una perspectiva mejor.

APÉNDICE

El tema que esta asociación ha propuesto puede servir como ejemplo del asunto que más a fondo y con más frecuencia debía ser públicamente tratado. Bien que contraído a un caso particular -las profesiones liberales-, pertenece al gran tema que expresa esta pregunta. ¿Cómo están las cosas? Nada acontece en nuestro tiempo más esencial que el hecho de que nuestro tiempo -es decir, cómo están las cosas hoy- se nos ha hecho total y radical problema. La ocupación con cualquier otro problema supone ya éste. Por eso cabe decir que hoy tenemos ante nosotros un problema previo y que ese problema previo es precisamente nuestro hoy. El hoy, bien entendido, el presente vivo, incluye siempre el inmediato pasado y el inmediato porvenir. El gran filósofo Husserl nos hizo ver que el inmediato pasado no se ha ido aún del todo, sino que, en cierto modo, está aún ahí, bien que con el carácter de haber sido ya. Por eso, nos dice, la conciencia de ese inmediato pasado no es aún propiamente memoria, no es un volver a representarnos algo que desapareció, sino que es algo que él llama con un vocablo latino, muy certero, "retención". Parejamente, el inmediato porvenir no es algo futuro que imaginamos, sino algo que está ya ahí ante nosotros y que en todo momento percibimos como gravitando sobre nosotros. A esa conciencia del inmediato porvenir llama Husserl "protention".

Entendido así el hoy, nos encontramos con que nuestro hoy ostenta caracteres sobre manera insólitos para entender los cuales no bastan los conceptos que la tradición histórica nos ha legado. En los últimos treinta años han acontecido hechos que por su figura y su tamaño resultan incomparables a las experiencias que el hombre había antes vivido. Apenas hay dimensión de la vida en que no hayan sobrevenido tremendas novedades. La guerra última ha sido un fenómeno único en la historia de las guerras por su extensión, casi literalmente mundial y por su radicalismo. Llamo la atención sobre un punto de extraordinaria importancia que no he visto debidamente comentado: la violación de los derechos de los neutrales. Pero siendo éstos los derechos mínimos que se pueden imaginar, su violación significa que se ha vivido y en buena parte sigue viviéndose en Europa sin esa cosa que parecía imprescindible en la convivencia humana. Lo propio ha acontecido con la política que ha sido durante decenios tan cruenta y truculenta como la guerra misma.

Siento haber tenido que comenzar renovando en la mente de los que me escuchan estas penosas realidades, pero es imprescindible cuando se intenta hablar de nuestro hoy, mantener vivaz como fondo de la perspectiva, la presencia de esas cosas. Sólo así podremos pensar sobre el presente y próximo futuro de las profesiones liberales en forma adecuada, es decir, en estado de extrema alerta, porque una época en la que han pasado y en parte siguen pasando cosas tales, no podemos contar con ninguna tierra firme bajo nuestros pies, ni podemos confiar en que haya principios vigentes en las sociedades que llamamos naciones, a los cuales, como a instancias eficaces, podemos recurrir. Pero sería un error interpretar este carácter básico de nuestro tiempo -consistente en que nuestro tiempo carece de base consolidada- en un sentido por completo pesimista. Hay gentes para quienes la vida sólo tiene aspecto tolerable cuando está firmemente inscrita en la cotidianidad, cuando están casi seguros de que el mañana será igual al hoy. Gentes tales van, sin duda, a pasarlo mal porque en los años próximos, dentro de la mayor probabilidad, va a continuar el rápido y sorprendente cambio de horizontes que en los últimos treinta años hemos experimentado. Pero no hay razón para tomar a gentes tales como los mejores ejemplares del ser humano. En la historia han sucedido constantemente a etapas de cotidianidad etapas de movilidad, y estas tienen tanto derecho como aquellas a ser consideradas como normales y, por tanto, a que en ellas los hombres puedan vivir también con la dosis de satisfacción que cabe desear y esperar. Lo que pasa es que se ha educado siempre a los hombres para la estabilidad y no para la movilidad.

El estímulo de la inseguridad

Hace dos años vine a Alemania por vez primera después de la guerra porque la Ciudad libre Hanseática de Hamburgo me había invitado a su celebración del centenario de Goethe, para hablar del gran alemán; es decir, para alabarle y, naturalmente también para criticarle un poco. Pero esta vez he venido espontáneamente, por mi propio deseo, simplemente para estar aquí un par de semanas, para flotar y saborear la vida; por tanto, para no hacer nada, lo que como dijo Schlegel, es lo único que hemos salvado del Paraíso. Pero al parecer mi destino consiste en no poder hacer ese "no hacer nada". Se quiere imperativamente que hable en Munich, aunque yo había abrigado la pretensión de vivir completamente callado, taciturno en esta ciudad. No pueden imaginarse ustedes, oyentes, qué desagradable es muchas veces sentir pesar sobre uno tal destino verbal. Ante todo en un tiempo como el nuestro, cuando casi todas las palabras del diccionario están desacreditadas, todas se han tornado equívocas y sospechosas, todas están cargadas de escabrosas aventuras. En ellas se nota en seguida que están gastadas. Esto es, además, el más claro y agudo síntoma para diagnosticar el estado a que ha llegado nuestra civilización. El hecho de que todas las palabras del lenguaje se han desprestigiado sólo puede significar que la forma de nuestra civilización, la que ha dominado durante siglos hasta ahora, ha llegado a su fin y hay que encontrar y crear algo distinto frente a lo anticuado. Sólo así podremos rejuvenecer y refrescar las palabras del lenguaje, resucitándolas vírgenes. Así, por tanto, y por esta causa es hoy sumamente difícil hablar sobre cualquier tema auténtico. Una vez he oído al escritor parisino Jean Cocteau algo, al menos, semiacertado: decía: no se puede vivir en una época como esta, donde la gente no cree en nada, ni siquiera en los prestigitadores. Ahora bien, el lenguaje que juega con palabras tiene, sin duda, algo de prestidigitación. Pero lo que en la frase de Cocteau hay sólo medio acertado, medio bien dicho es que en modo alguno es una desgracia vivir y actuar en una época tan difícil y desamparada.

Sin duda vivimos en un tiempo de completa inseguridad. Nada firme sentimos bajo nuestros pies. Pero, ¿es cosa tan clara que lo mejor para el hombre sea lo contrario; un sentimiento excesivo de seguridad? Ahora estamos pagando con nuestros dolores el exceso de seguridad en que se sintieron los europeos durante la segunda mitad del siglo XIX, cuando vivían cloroformizados por la idea del progreso asegurado, que eliminaba de su horizonte todo peligro. El progresismo fue el más nocivo estupefaciente para los hombres occidentales. Todo lo que el hombre ha creado de valioso surgió inspirado por su inseguridad. ¿Por qué no complacerse en lo que la actual situación tiene de negativa apariencia convirtiéndolo en postividad, en estímulo para nuevas creaciones?

Hay, pues, sin remedio que hablar en Munich, y ya que es forzoso hacerlo hay que hacerlo a fondo y, por lo pronto, eligiendo como tema la más urgente cuestión que nosotros los europeos tenemos delante, a saber, lo que hay que hacer con las naciones tradicionales. Mas para ello es preciso formarse una idea clara y rigorosa de lo que es una nación. Que yo sepa esto no se ha intentado nunca enérgicamente. Precisamente por esto y de una manera bastante audaz quisiera intentarlo en las tres lecciones, que yo dedico a los oyente muniquenses, bajo el título "La Idea de Nación y la juventud alemana". Lo que hay bajo este título lo sabrán ustedes muy pronto.

José Ortega y Gasset

HISTORIA COMO SISTEMA

I

La vida humana es una realidad extraña, de la cual lo primero que conviene decir es que es la realidad radical, en el sentido en que a ella tenemos que referir todas las demás, ya que las demás realidades, efectivas o presuntos, tienen de uno u otro modo que aparecer en ella.

La nota más trivial, pero a la vez la más importante de la vida humana, es que el hombre no tiene otro remedio que estar haciendo algo para sostenerse en la existencia. La vida nos es dada, puesto que no nos la damos a nosotros mismos, sino que nos encontramos en ella de pronto y sin saber cómo, Pero la vida que nos es dada no nos es dada hecha, sino que necesitamos hacérnosla nosotros, cada cual la suya. La vida es quehacer, Y lo más grave de estos quehaceres en que la vida consiste no es que sea preciso hacerlos, sino, en cierto modo, lo contrario; quiero decir, que nos encontramos Siempre forzados a hacer algo pero no nos encontramos nunca estrictamente forzados a hacer algo determinado, que no nos es impuesto este o el otro quehacer, como le es impuesta al astro su trayectoria o a la piedra su gravitación. Antes que hacer algo, tiene cada hombre que decidir, por su cuenta y riesgo, lo que va a hacer. Pero esta decisión es imposible si el hombre no posee algunas convicciones sobre lo que son las cosas en su derredor, los otros hombres, él mismo. Sólo en vista de ellas puede, preferir una acción a otra, puede, en suma, vivir.

De aquí que el hombre tenga que *estar* siempre en alguna creencia y que la estructura de su vida dependa primordialmente de las creencias en qué *esté* y que los cambios más decisivos en la humanidad sean los cambios de creencias, la intensificación o debilitación de las creencias. El diagnóstico de una existencia humana —de un hombre, de un pueblo, de una época- tiene que comenzar filiando el repertorio de sus convicciones. Son éstas el suelo de nuestra vida. Por eso se dice que en ellas el hombre está. Las creencias son lo que verdaderamente constituye el estado del hombre. Las he llamado "repertorio" para indicar que la pluralidad de creencias en que un hombre, un pueblo o una época ésta no posee nunca una articulación plenamente lógica, es decir, que no forma un sistema de ideas, como lo es o aspira a serlo, por ejemplo, una filosofía. Las creencias que coexisten en una vida humana, que la sostienen, impulsan y dirigen son, a veces, incongruentes, contradictorias o, por lo menos, inconexas. Nótese que todas estas calificaciones afectan a las creencias por lo que tienen de ideas. Pero es un error definir la creencia como idea. La idea agota su papel y consistencia con ser pensada, y un hombre puede pensar cuanto se le antoje y aun muchas cosas contra su antojo. En la mente surgen espontáneamente pensamientos sin nuestra voluntad ni deliberación y sin que produzcan efecto alguno en nuestro comportamiento. La creencia no es, sin más, la idea que se piensa, sino aquella en que además se cree. Y el creer no es ya una operación del mecanismo "intelectual", sino que es una función del viviente como tal, la función de orientar su conducta, su quehacer.

Hecha esta advertencia, puedo retirar la expresión antes usada y decir que las creencias, mero repertorio incongruente en cuanta son sólo ideas, forman siempre un sistema en cuanto efectivas creencias o, lo que es igual, que, inarticuladas desde el punto de vista lógico o propiamente intelectual, tienen siempre una articulación vital, *funcionan* como creencias apoyándose unas en otras, integrándose y combinándose. En suma, que se dan siempre como miembros de un organismo, de una estructura. Esto hace, entre otras cosas, que posean siempre una arquitectura y actúen en jerarquía. Hay en toda vida humana creencias básicas, fundamentales, radicales, y hay otras derivadas de aquéllas, sustentadas sobre aquéllas y secundarias. Esta indicación no puede ser más trivial, pero yo no tengo la culpa de que, aun siendo trivial, sea de la mayor importancia.

Pues si las creencias de que se vive careciesen de estructura, siendo como son en cada vida innumerables, constituirían una pululación indócil a todo orden y, por lo mismo, ininteligible. Es decir, que sería imposible el conocimiento de la vida humana. El hecho de que, por el contrario, aparezcan en estructura y con jerarquía permite descubrir su orden secreto y, por tanto, entender la vida propia y la ajena, la de hoy y la de otro tiempo. Así podemos decir ahora: el diagnóstico de una existencia humana -de un hombre, de un pueblo, de una época- tiene que comenzar filiando el sistema de sus convicciones y para ello, antes que nada, fijando su creencia fundamental, la decisiva, la que porta y vivifica todas las demás. Ahora bien: para fijar el estado de las creencias en un cierto momento, no hay más método que el de comparar éste con otro u otros. Cuanto mayor sea el número de los términos de comparación, más preciso será el resultado -otra advertencia banal cuyas consecuencias de alto bordo emergerán súbitamente al cabo de esta meditación.

II

Si comparamos el estado de creencias en que el hombre europeo se halla hoy con el reinante hace no más treinta años, nos encontramos con que ha variado profundamente, por haberse alterado la convicción fundamental.

La generación que florecía hacia 1900 ha sido la última de un amplísimo ciclo, iniciado a fines del siglo XVI y que se caracterizó porque sus hombres vivieron de la fe en la razón. ¿En qué consiste esta fe?

Si abrimos el *Discurso del Método,* que ha sido el programa clásico del tiempo nuevo, vemos que culmina en las siguientes frases: "Las largas cadenas dc razones, todas sencillas y fáciles, de que acostumbran los geómetras a servirse para llegar a sus más difíciles demostraciones, me habían dado ocasión para imaginarme que todas las cosas, que puedan caer bajo el conocimiento de los hombres se siguen las unas a las otras en esta misma. materia y que sólo con Cuidar de no recibir como, verdadera ninguna que no lo sea y de guardar siempre el orden en, que es preciso deducirlas unas de las otras, *no puede haber ninguna tan remota que no quepa, a la postre, llegar a ella, ni tan oculta que no se la pueda descubrir,"* (Oeuvres, cd, Adam et Tannery, tomo VI, pág. 19.)

Estas palabras son el canto de gallo del racionalismo, la emoción de alborada que inició toda una edad, eso que llamamos la Edad Moderna, Esa Edad Moderna de la cual muchos piensan que hoy asistimos nada menos que a su agonía, a su canto del cisne.

Y es innegable, por lo menos, que entre el estado de espíritu cartesiano y el nuestro existe no floja diferencia, ¡Qué alegría, qué tono de enérgico desafío al Universo, qué petulancia mañanera hay en esas magníficas palabras de Descartes! Ya lo han oído ustedes: aparte los misterios divinos, que por cortesía deja a un, lado, para este hombre no hay ningún problema que no sea soluble. Este hombre nos asegura que en el Universo no hay arcanos, no hay secretos irremediables ante los cuales la humanidad tenga que detenerse aterrorizada e inerme. El mundo que rodea por todas partes al hombre, y en existir dentro del cual consiste su vida, va a hacerse transparente a la mente humana hasta sus últimos entresijos. El hombre va, por fin, a saber la verdad sobre todo. Basta con que no se azore ante la complejidad de los problemas, con que no se deje obnubilar la mente por las pasiones: si usa con serenidad y dueño de sí el aparato de su intelecto, sobre todo si lo usa con buen orden, hallará que su facultad de pensar es *ratio*, razón, y que en la razón posee el hombre el poder como mágico de poner claridad en todo, de convertir en cristal lo más opaco, penetrándolo con el análisis y haciéndolo así patente, El mundo de la realidad y el mundo del pensamiento son -según esto- dos Cosmos que se corresponden, cada uno de ellos compacto y continuo, en que nada queda abrupto, aislado e inasequible, sino que de cualquiera de sus puntos podemos, sin intermisión y sin brinco, pasar a todos los demás y contemplar su conjunto. Puede, pues, el hombre con su razón hundirse tranquilamente en los fondos abisales del Universo, seguro de extraer al problema más remoto y al más hermético enigma la esencia de su verdad, como-el buzo de Coromandel se sumerge en las profundidades del océano para reaparecer e poco trayendo entre los dientes la perla inestimable.

En los últimos años del siglo XVI y en estos primeros del XVII en que Descartes medita, cree, pues, el hombre de Occidente que el mundo posee una estructura racional, es decir, que la realidad tiene una organización coincidente con la del intelecto humano, se entiende, con aquella forma del humano intelecto que es le más pura: con la razón matemática. Es ésta, por tanto, una clave maravillosa que proporciona al hombre un poder, ilimitado en principio, sobre las cosas en torno, Fue esta averiguación una bonísima fortuna, Porque imaginen ustedes que los europeos no hubiesen en aquella sazón conquistado esa creencia, En el siglo XVI, las gentes de Europa habían perdido la fe en Dios, en la revelación, bien porque la hubiesen en absoluto perdido, bien porque hubiese dejado en ellos de ser fe viva. Los teólogos hacen una distinción muy perspicaz y que pudiera aclararnos no pocas cosas del presente, una distinción entre la fe viva y, la fe inerte. Generalizando el asunto, yo formularía así, esta distinción: creemos en algo con fe viva cuando esa creencia nos basta para vivir, y creemos en algo con fe, muerta, con fe inerte, cuando, sin haberla abandonado, *estando en ella todavía,* no actúa eficazmente en nuestra, vida. La arrastramos inválida a nuestra espalda, forma aún parte de nosotros, pero yaciendo inactiva en el desván de nuestra alma. No apoyamos nuestra existencia en aquel algo creído, no brotan ya espontáneamente de esta fe las incitaciones y orientaciones para vivir. La prueba de ello es que se nos olvida a toda hora que aún creemos en eso, mientras que la fe viva es presencia permanente y activísima de la entidad en que creemos. (De aquí el fenómeno perfectamente natural que el místico llama "la presencia de Dios". También el amor vivo se distingue del amor inerte y arrastrado, en que lo amado nos es, sin síncope ni eclipse, presente. No tenemos que ir a buscarlo con la atención, sino, al revés, nos cuesta trabajo quitárnoslo de delante de los ojos íntimos. Lo cual no quiere decir que estemos siempre, ni siquiera con frecuencia, pensando en ello, sino que constantemente "contamos con ello".) Muy pronto vamos a encontrar un ejemplo de esta diferencia en la situación actual del europeo.

Durante la Edad Media había éste vivido de la revelación. Sin ella y atenido a sus nudas fuerzas, se hubiera sentido incapaz de habérselas con el contorno misterioso que le era el mundo, con los tártagos y pesadumbres de la existencia. Pero creía con fe viva que un ente todopoderoso, omniscio, le descubría de modo gratuito todo lo esencial para su vida. Podemos perseguir las vicisitudes de esta fe y asistir, casi generación tras generación, su progresiva decadencia. Es una historia melancólica. La fe viva se va desnutriendo, palideciendo, paralizándose, hasta que, por los motivos que fuere -no puedo ahora entrar en el asunto- hacia mediados del siglo XV, esa fe viva se convierte claramente en fe cansada, ineficaz, cuando no queda por completo desarraigada del alma individual. El hombre de entonces comienza a sentir que no le basta la revelación para aclararle sus relaciones con el mundo; una vez más, el hombre se siente perdido en la selva bronca del Universo, frente a la cual carece de orientación y mediador. El XV y el XVI son, por eso, dos siglos de enorme desazón, de atroz inquietud; como hoy diríamos, de crisis. De ellas salva al hombre occidental una nueva fe, una nueva creencia: la fe en la razón, en las *nuove scienze*. El hombre recaído renace. El Renacimiento es la inquietud parturienta de una nueva confianza fundada en la razón físico- matemática, nueva mediadora entre el hombre y el mundo.

III

Las creencias constituyen el estrato básico, el más profundo de la arquitectura de nuestra vida. Vivimos de ellas y, por lo mismo, no solemos pensar en ellas. Pensamos en lo que nos es más o menos cuestión, Por eso decimos que *tenemos* estas o las otras ideas; pero nuestras creencias, más que tenerlas, las somos.

Cabe simbolizar la vida de cada hombre como un Banco. Este vive a crédito de un encaje oro que no suele verse, que yace en lo profundo de cajas metálicas ocultas en los sótanos de un edificio. La más elemental cautela invita a revisar de cuando en cuando el estado efectivo de esas garantías -diríamos de esas *creencias,* base del crédito.

Hoy es urgente hacer esto con la fe en la razón de que tradicionalmente -en una tradición de casi dos siglos vive el europeo. Puede decirse que hasta hace veinte años el estado de esa creencia no se había modificado en su figura general, pero que de hace veinte años a la fecha presente ha sufrido un cambio gravísimo. Innumerables hechos, sobremanera notorios y que fuera deprimente enunciar una vez más, lo muestran.

No será necesario advertir que al hablar de la fe tradicional en la razón y de su actual modificación no me refiero a lo que acontece en éste o el otro individuo como tal. Aparte de lo que crean los individuos como tales, es decir, cada uno por sí y por propia cuenta, hay siempre, un estado colectivo de creencia. Esta fe social puede coincidir o no con la que tal o cual individuo siente. Lo decisivo en este asunto es que, cualquiera sea la creencia de cada uno de nosotros, encontramos ante nosotros constituido, establecido colectivamente, con vigencia social en suma, un estado de fe.

La fe en la ciencia a que me refiero no era sólo y primero una opinión individual, sino, al revés, una opinión colectiva, y cuando algo es opinión colectiva o social es una realidad independiente de los individuos, que está fuera de éstos como las piedras del paisaje, y con la cual los individuos tienen que contar quieran o no. Nuestra opinión personal podrá ser contraria a la opinión social pero ello no sustrae a ésta quilate alguno de realidad. Lo especifico, lo constitutivo de la opinión colectiva es que su existencia no depende de que sea o no aceptada por un individuo determinado. Desde la perspectiva de cada vida individual aparece la creencia pública como si fuese una cosa física. La realidad, por decirlo así, tangible de la creencia colectiva no consiste en que yo o tú la aceptemos, sino, al contrario, es ella quien, con nuestro beneplácito o sin él, nos impone su realidad y nos obliga a contar con ella, A este carácter de la fe social doy el nombre de vigencia. Se dice de una ley que es vigente cuando sus efectos no dependen de que yo la reconozca, sino que actúa y opera prescindiendo de mi adhesión. Pues lo mismo la creencia colectiva para existir y gravitar sobre mí y acaso aplastarme, no necesita de que yo, individuo determinado, crea en ella. Si ahora acordamos, para entendernos bien, llamar "dogma social" al contenido de una creencia colectiva, estamos listos para poder continuar nuestra meditación.

Si, pertrechados con estos conceptos instrumentales, comparamos la situación en que hacia 1910 los europeos se encontraban y la de ahora, la advertencia del cambio, de la mutación sobrevenida, debería causarnos un saludable pavor. Han bastado no más de veinte años -es decir, sólo un trozo de la vida de un hombre, que es ya de suyo tan breve- para trastocar las cosas hasta el punto de que mientras entonces, en cualquier parte de Europa, podía recurrirse a la fe en la ciencia y en los derechos de la ciencia como máximo valor humano, y esta instancia funcionaba automáticamente y, dócil a su imperativo, reaccionaba eficaz, enérgico y súbito el cuerpo social, hoy hay ya naciones donde ese recurso provocaría sólo sonrisas, naciones que hace unos años eran precisamente consideradas como las grandes maestras de la ciencia, y no creo que haya ninguna donde, a la fecha en que hablo, el cuerpo social se estremeciese ante la apelación.

IV

La ciencia está en peligro. Con lo cual no creo exagerar -porque no digo con ello que la colectividad europea haya dejado radicalmente de creer en la ciencia-, pero sí que su fe ha pasado, en nuestros días, de ser fe viva a ser fe inerte. Y esto basta para que la ciencia esté en peligro y no pueda el científico seguir viviendo como hasta aquí, sonámbulo, dentro de su trabajo, creyendo que el contorno social sigue apoyándole y sosteniéndole y venerándole.

¿Qué es lo que ha pasado para que tal situación se produzca? La ciencia sabe hoy muchas cosas con fabulosa precisión sobre lo que está aconteciendo en remotísimas estrellas y galaxias. La ciencia, con razón, está orgullosa de ello, y por ello, aunque con menos razón, en sus reuniones académicas hace la rueda con su cola de pavo real. Pero entre tanto ha ocurrido que esa misma ciencia ha pasado de ser fe viva social a ser casi despreciada por la colectividad. No porque este hecho no haya acontecido en Sirio, sino en la Tierra, deja de tener alguna importancia -¡pienso! La ciencia no puede ser sólo la ciencia sobre Sirio, sino que pretende ser también la ciencia sobre el hombre. Pues bien, ¿qué es lo que la ciencia, la razón, tiene que decir hoy con alguna precisión sobre ese hecho tan urgente, hecho que tan a su carne le va? ¡Ah!, pues nada. La ciencia no sabe nada claro sobre este asunto. ¿No se advierte la enormidad del caso? ¿No es esto vergonzoso? Resulta que sobre los grandes cambios humanos, la ciencia propiamente tal no tiene nada preciso que decir. La cosa es tan enorme que, sin más, nos descubre su porqué. Pues ello nos hace reparar en que la ciencia, la razón a que puso su fe social el hombre moderno, es, hablando rigorosamente, sólo la ciencia físico-matemática, y apoyada inmediatamente en ella, más débil, pero beneficiando de su prestigio, la ciencia biológica. En suma, reuniendo ambas, lo que se llama la ciencia o razón naturalista.

La situación actual de la ciencia o razón física resulta bastante paradójica. Si algo no ha fracasado en el repertorio de las actividades y ocupaciones humanas, es precisamente ella cuando se la considera circunscrita a su genuino territorio, la naturaleza. En este orden y recinto, lejos de haber fracasado, ha trascendido todas las esperanzas y, por vez primera en la historia, las potencias de realización, de logro, han ido más lejos que las de la mera fantasía. La ciencia ha conseguido cosas que la irresponsable imaginación no había siquiera soñado. El hecho es tan incuestionable, que no se comprende, al pronto, cómo el hombre no está hoy arrodillado ante la ciencia como ante una entidad mágica. Pero el caso es que no lo está, sino, más bien al contrario, comienza a volverle la espalda, No niega ni desconoce su maravilloso poder, su triunfo sobre la naturaleza; pero, al mismo tiempo, cae en la cuenta de que la naturaleza es sólo una dimensión de la vida humana, y el glorioso éxito con respecto a ella no excluye su fracaso con respecto a la totalidad de nuestra existencia. En el balance inexorable que es en cada instante el vivir, la razón física, con todo su parcial esplendor, no impide un resultado terriblemente deficitario. Es más: el desequilibrio entre la perfección de su eficiencia parcial y su falla para los efectos de totalidad, los definitivos, es tal que, a mi juicio, ha contribuido a exasperar la desazón universal.

Se encuentra, por tanto, el hombre ante la razón física en una situación de ánimo parecida a la que Leibniz nos describe de Cristina de Suecia cuando, después de abdicar, hizo acuñar una moneda con la efigie de una corona y puso en el exergo estas palabras: *Non mi bisogna e non mi basta.*

A la postre, la paradoja se resuelve en una advertencia sobremanera sencilla. Lo que no ha fracasado de la física es la física. Lo que ha fracasado de ella es la retórica y la orla de petulancia, de irracionales y arbitrarios añadidos que suscitó, lo que hace muchos años llamaba yo el "terrorismo de los laboratorios". He aquí por qué, desde que com8ncé a escribir, he combatido lo que denominé el *utopismo* científico. Abrase, por ejemplo, *El tema de nuestro tiempo* en el capítulo titulado "El sentido histórico de la teoría de Einstein", compuesto hacia 1921. Allí se dice: "No se comprende que la ciencia, cuyo único placer es conseguir una imagen certera de las cosas, pueda alimentarse de ilusiones. Recuerdo que sobre mi pensamiento ejerció suma influencia un detalle. Hace muchos años leía yo una conferencia del fisiólogo Loeb sobre los tropismos. Es el tropismo un concepto con que se ha intentado describir y aclarar la ley que rige los movimientos elementales de los infusorios. Mal que bien, con correcciones y añadimos, este concepto sirve para comprender algunos de esos fenómenos. Pero al final de su conferencia Loeb agrega: "Llegará el tiempo en que lo que hoy llamamos actos morales del hombre se expliquen, sencillamente como tropismos". Esta audacia me inquietó sobremanera, porque me abrió los ojos sobre otros muchos juicios de la ciencia moderna que, menos ostentosamente, cometen la misma falta. De modo - pensaba yo- que un concepto como el tropismo, capaz apenas de penetrar el secreto de fenómenos tan sencillos como los brincos de los infusorios, puede bastar, en un vago futuro, para explicar cosa tan misteriosa y compleja como los actos éticos del hombre. ¿Qué sentido tiene esto? La ciencia ha de resolver hoy sus problemas, no transferirnos e las calendas griegas. Si sus métodos, actuales no bastan para dominar boy los enigmas del Universo, lo discreto es sustituirlos por otros más eficaces. Pero la ciencia usada está llena de problemas que se dejan intactos por ser incompatibles con los métodos. ¡Como si fuesen aquéllos los obligados a supeditarse a éstos, y no al revés! La ciencia está repleta de ucronismos, de calendas griegas.

Cuando salimos de esta beatería científica que rinde idolátrico culto a los métodos preestablecidos y nos asomamos al pensamiento de Einstein, llega a nosotros como un fresco viento de mañana. La actitud de Einstein es completamente distinta de la tradicional. Con ademán de joven atleta le vemos avanzar recto *a* los problemas y, usando del medio más a mano, cogerlos por los cuernos. De lo que parecía defecto y limitación en la ciencia hace él una virtud y una táctica eficaz"

Todo mi pensamiento filosófico ha emanado de esta idea de las calendas griegas. Ahí está en simiente toda mi idea de la vida como realidad radical y del conocimiento como función interna a nuestra vida y no independiente o utópica. Como Einstein decía, por aquellos años, que es preciso, en física, construir conceptos que hagan imposible el movimiento continuo (el movimiento continuo no se puede medir, y ante una realidad inmensurable la física es imposible), yo pensaba que era preciso elaborar una filosofía partiendo, como de su principio formal, de excluir las calendas griegas. Porque la vida es lo contrario que estas calendas. La vida es prisa y necesita con urgencia saber a qué atenerse y es preciso hacer de esta urgencia el método de la verdad. El progresismo que colocaba la verdad en un vago mañana ha sido el opio entontecedor de la humanidad. Verdad es lo que ahora es verdad, y no lo que se va a descubrir en un futuro indeterminado. El señor Loeb, y con él toda su generación, a cuenta de que en el porvenir se va a lograr una física de la moral, renuncia a tener él, en su día presente, una verdad sobre la moral. Era una curiosa manera de existir a cargo de la posteridad, dejando la propia vida sin cimientos, raíces ni encaje profundo. El vicio se engendra tan en la raíz de esta actitud, que se encuentra ya en la "moral provisional" de Descartes. De aquí que al primer empellón sufrido por la armazón superficial de nuestra civilización -ciencia, economía, moral, política-, el hombre se ha encontrado con que no tenía verdades propias, posiciones claras y firmes sobre nada importante.

Lo único en que creía era en la razón física, y ésta, al hacerse urgente su verdad sobre los problemas más humanos, no ha sabido qué decir. Y estos pueblos de Occidente han experimentado de súbito la impresión de que perdían pie, que carecían de punto de apoyo, y han sentido terror, pánico y les parece que se hunden, que naufragan en el vacío.

Y, sin embargo, basta un poco de serenidad para que el pie vuelva a sentir la deliciosa sensación de tocar lo duro, lo sólido de la madre tierra, un elemento capaz de sostener al hombre. Como siempre ha acaecido, es preciso y bastante, en vez de azorarse y perder la cabeza, convertir en punto de apoyo aquello mismo que engendró la impresión de abismo. La razón física no puede decirnos nada claro sobre el hombre. ¡Muy bien! Pues esto quiere decir simplemente que debemos desasirnos con todo radicalismo de tratar al modo físico y naturalista lo humano. En vez de ello tomémoslo en su espontaneidad, según lo vemos y nos sale al paso. O, dicho de otro modo: el fracaso de la razón física deja la vía libre para la razón vital e histórica.

V

La naturaleza es una cosa, una gran cosa, que se compone de muchas cosas menores. Ahora bien: cualesquiera que sean las diferencias entre las cosas, tienen todas ellas un carácter radical común, el cual consiste simplemente en que las cosas *son,* tienen, un ser. Y esto significa no sólo que existen, que las hay, que están ahí, sino que poseen una estructura o consistencia fija y dada. Cuando hay una piedra hay ya, está ahí, lo que la piedra, es. Todos sus cambios y mudanzas serán, por, los siglos, de los siglos, combinaciones regladas de su consistencia fundamental. La piedra no será nunca nada nuevo y distinto. Esta consistencia fija y dada de una vez para siempre es lo que solemos entender cuando hablamos del ser de una cosa. Otro nombre para expresar lo mismo es la palabra naturaleza. Y la faena de la ciencia natural consiste en descubrir bajo las nubladas apariencias esa naturaleza o textura permanente.

Cuando la razón naturalista se ocupa del hombre, busca, consecuente consigo misma, poner al descubierto su naturaleza. Repara en que el hombre tiene cuerpo, -que es una cosa- y se apresure a extender a él la física, y, como ese cuerpo es además un organismo, lo entrega a la biología. Nota asimismo que en el hombre, como en el animal, funciona cierto mecanismo incorporal o confusamente adscrito al cuerpo, el mecanismo psíquico, que es también una cosa, y encarga de su estudio a la psicología, que es ciencia natural. Pero el caso es que así llevamos trescientos años y que todos los estudios naturalistas sobre el cuerpo y el alma del hombre no han servido para aclararnos nada de lo que sentimos como más estricta- mente humano, eso que llamamos cada cual su vida y cuyo entrecruzamiento forma las sociedades que, perviviendo, integran el destino humano. El prodigio que la ciencia natural representa como conocimiento de cosas contrasta brutalmente con el fracaso de esa ciencia natural ante lo propiamente humano. Lo humano se escapa a la razón físico-matemática como el agua por una canastilla.

Y aquí tienen ustedes el motivo por el cual la fe en la razón ha entrado en deplorable decadencia. El hombre no puede esperar más. Necesita que la ciencia le aclare los problemas humanos. Está ya, en el fondo, un poco cansado de astros y de reacciones nerviosas y de átomos. Las primeras generaciones racionalistas creyeron poder aclarar con su ciencia física el destino humano. Descartes mismo escribió ya un *Tratado del hombre*. Pero hoy sabemos que todos los portentos, en principio inagotables, de las ciencias naturales se detendrán siempre ante la extraña realidad que es la vida humana. ¿Por qué? Si todas las cosas. han rendido grandes porciones de su secreto á la razón física, ¿por qué se resiste esta sola tan denodadamente? La causa tiene que ser profunda y radical; tal vez, nada menos que esto: que el hombre no es una cosa, que es falso hablar de la naturaleza humana, que el hombre no tiene naturaleza. Yo comprendo que oír esto ponga los pelos de punta a cualquier físico, ya que significa, con otras palabras, declarar de raíz a la física incompetente para hablar del hombre. Pero que no se hagan ilusiones: con más o menos claridad de conciencia, sospechando o no que hay otro modo de conocimiento, otra razón capaz de hablar sobre el hombre -la convicción de esa incompetencia es hoy un hecho de primera magnitud en el horizonte europeo. Podrán los físicos sentir ante él enojo o dolor -aunque ambos sean en éste caso un poco pueriles-, pero esa convicción es el precipitado histórico de trescientos años de fracaso.

La vida humana, por lo visto, no es una cosa, no tiene una naturaleza y, en consecuencia, es preciso resolverse á pensarla con categorías, con conceptos radicalmente distintos de los que nos aclaran los fenómenos de la materia. La empresa es difícil, porque, desde hace tres siglos, el fisicismo nos ha habituado a dejar a nuestra espalda, como entidad sin importancia ni realidad, precisamente esa extraña. realidad que es la vida humana. Y así, mientras los naturalistas vacan, beatamente absortos, a sus menesteres profesionales, le ha venido en gana a esa extraña realidad de cambiar el cuadrante, y al entusiasmo por la ciencia ha sucedido tibieza, despego, ¿quién sabe si, mañana, franca hostilidad?

VI

Se dirá que, conforme iba notándose la resistencia del fenómeno humano a la razón física, iba también acentuándose otra forma de ciencia opuesta a ella: frente a las ciencias naturales, en efecto, surgían y se desarrollaban las llamadas ciencias del espíritu, ciencias morales o ciencias de la cultura. A lo cual respondo, por lo pronto, que esas ciencias del espíritu - *Geisteswissenschaften*- no han conseguido, hasta la fecha, suscitar la creencia en el hombre europeo, como lo habían logrado las naturales.

Y se comprende que fuera así. Los representantes delas ciencias del espíritu combatían los intentos paladinos, de investigar lo humano con ideas naturalistas; pero es el caso que, de hecho, las ciencias del espíritu no han sido hasta hoy más que un intento larvado de hacer lo mismo. Me explicaré. *Geist? Wer ist denn der Bursche?* (¿Espíritu? ¿Quién es ese mozo?), preguntaba Schopenhauer, malhumorado e insolente, pero no sin sobra de razón. Este gran concepto utópico de espíritu pretendía oponerse al de la naturaleza. Se presentía que la naturaleza no era la única realidad y, sobre todo, que no era la primaria o fundamental. Cuanto más se la apretaba, más parecía depender de lo humano. El idealismo alemán, como el positivismo de Comte, significan el ensayo de poner el hombre antes que la naturaleza. Fue aquél quien dio al hombre, en cuanto no es naturaleza, el nombre de *Geist,* espíritu.

Pero el caso es que, al intentar comprender lo humano como realidad espiritual, las cosas no marchaban mejor: los fenómenos humanos mostraron la misma resistencia, la misma indocilidad a dejarse apresar por los conceptos. Es, más: quedó reservado al pensamiento de esa época permitirse las más escandalosas e irresponsables utopías. Se comprende muy bien el malhumor y la insolencia de Schopenhauer. La *Filosofía de la Historia,* de Hegel, y la "ley de los tres estados", de Comte, son, sin duda, dos obras geniales, Pero bajo esta calificación de "genio", lo único que hacemos claramente es dirigir un aplauso a la magnífica destreza de un hombre como tal destreza, a lo que en él hay de juglar, de ágil o de atleta. Mas si estudiamos esas obras -principalmente la de Hegel- desde el punto de vista decisivo, que es el de la responsabilidad intelectual y como síntoma de un clima moral, pronto advertimos que hubieran sido imposibles, *ceteris paribus,* en ninguna época normal de pensamiento, en ningún tiempo de continencia, mesura y patético respeto a la misión del intelecto.

Me atrevo a decir esto sólo como extrínseca señal de que la interpretación del hombre como realidad espiritual no pudo ser más que violenta, arbitraria y fallida. Porque no es lícito en este contexto seguir empleando la palabra "espíritu" en un vago sentido, sino que conviene referirla al ciclo de significaciones precisas que ha tenido en la, filosofía de los dos últimos siglos.

Y, si ahora nos preguntamos por qué el concepto de espíritu se ha revelado insuficiente para dar razón de los humanos, nos encontramos con la siguiente consideración fundamental:

Cuando los caballeros del Espíritu salían en guerra contra el naturalismo, resueltos a reflejar escrupulosamente los fenómenos humanos en su estricta genuinidad, alejando de sí los conceptos y categorías que la naturaleza nos obliga a pensar, no advertían que al partir habían dejado ya a su espalda al enemigo, Veían sólo en la naturaleza ciertos peculiares atributos, como la espacialidad, la fuerza, su manifestación sensorial, etc., y creían que basta con sustituirlos por otros atributos antagónicos -la *cogitatio*, la conciencia, el pensarse a sí mismo, etc.- para estar fuera del naturalismo. En definitiva, cometían el mismo error que Descartes cuando creyó suficiente para definir el *moi-meme* oponerlo como *res cogi tans* a la *res extensa*. Pero ¿consiste la diferencia funda mental entre esa extraña realidad que es el hombre, que es el *yo*, y esa otra realidad que son los cuerpos, en que el yo piensa y los cuerpos se extienden? ¿Qué inconveniente, hay en que la misma *res* que piensa se extienda y la misma *res* que se extienda piense? Astutamente, Descartes suele añadir que la *res* que piensa no se extiende y la *res* que se extiende no piensa. Pero esta negación añadida es perfectamente arbitraria, y Spinoza, que no se dejó asustar, saca tranquilamente la consecuencia de que una misma *res - Natura sive Deus-* piensa y se extiende. Para dirimir la cuestión fuera preciso hacer lo que Descartes no hizo, a saber: preguntarse qué es eso de *res*, cuál es su estructura previamente a su calificación de pensante o extensa. Porque si los atributos de *cogitatio* y *extensio* son de tal modo antagonistas que no pueden convivir en una misma *res*, es de sospechar que cada uno de ellos repercute sobre la estructura misma de la *res* como tal *res*. O, lo que es igual, que el término *res* resulta equívoco en ambas expresiones.

Ahora bien: el concepto de *res* había sido establecido por la ontología tradicional. El error de Descartes y el de los caballeros del Espíritu ha sido no llevar a fondo su reforma de la filosofía y aplicar, sin más, a la nueva realidad que aspiraban estatuir -la *pensée,* el *Geist-* la doctrina vetusta sobre el ser. Un ente que consiste en pensar, ¿puede *ser* en el mismo sentido en que *es* un ente que consiste en extenderse? Además de diferenciarse en que el uno piensa y el otro se extiende, ¿no se diferencian en su mismo ser, como entidades *sensu stricto?*

En la ontología tradicional, el término *res* va siempre conjugado con el de *natura,* bien como sinónimo, bien en el sentido de que la *natura* es la verdadera *res,* el principio de la *res.* Como es sabido, el concepto de naturaleza es de pura sangre griega: recibe una primera estabilización en Aristóteles, que, modificada por los estoicos, entra en el Renacimiento y por aquel gran boquete inunda la época moderna. En Robert Boyle adopta su expresión aún vigente: la *natura* es la regla o sistema de reglas según la cual se comportan los fenómenos - en suma, la ley (Cassirer: *Das Erkenntnis problem,* II, 433.)

No es posible. hacer aquí la historia del concepto de naturaleza y sería ineficaz hacer su resumen. Para ahorrar palabras, me limito a una alusión: ¿no es sorprendente que, con perfecta continuidad, el término de naturaleza haya pasado de significar lo que significaba para Aristóteles a significar la ley dc los fenómenos? ¿No es enorme la distancia entre ambos significados? Esa distancia -nótese- implicaba nada menos que todo el cambio en la manera de pensar sobre el Universo desde el hombre antiguo al hombre moderno. Pues bien: ¿qué es lo que, al través de toda esa evolución, ha permanecido invariable en el concepto de naturaleza?

En pocos temas se ve con tanta claridad como en éste hasta qué punto el hombre europeo es un heredero del hombre griego. Pero una herencia no es sólo un tesoro; es, a la vez, una carga y una cadena. Larvada en el concepto de naturaleza hemos recibido la cadena que nos ha hecho esclavos del destino helénico.

El pensamiento griego se constituye en Parménides. Sin duda fue este hombre pura esencia de lo griego, porque el hecho es que el eleatismo ha imperado siempre en las cabezas helénicas. Todo lo que no era eleatismo -simple o compuesto- fue sólo oposición. Este destino griego sigue gravitando sobre nosotros y, a pesar de algunas ilustres rebeliones, seguimos prisioneros dentro, del círculo mágico que dibujó la ontología eleática.

Desde Parménides, cuando el pensador ortodoxo busca el ser de una cosa entiende que busca una consistencia fija y estática, por tanto, algo que el ente *ya* es, que ya lo integra o constituye. El prototipo de este modo de ser, que tiene los caracteres de fijeza, estabilidad y actualidad (=ser *ya* lo que es), el prototipo de tal ser era el ser de los conceptos y de los objetos matemáticos, un ser invariable, un ser-siempre-lo-mismo. Como se encontraba con que las cosas del mundo en torno eran mudadizas, eran "movimiento", comienza por negar su realidad. Aristóteles, más cuerdo, renuncia a tal absolutismo y adopta una solución *juste milieu*. Busca en la cosa mudable lo que en su cambio no varía, lo que en su movimiento permanece. A eso es a lo que llamó la "naturaleza" de las cosas, por tanto, lo que en la cosa real *parece* ocultarse de ser como son los conceptos y los objetos matemáticos. La *physis* era el principio invariable de las variaciones. De este modo se hacía posible conservar el eleatismo fundamental del ser y, sin embargo, pensar como realidades las cosas que para el eleatismo absoluto carecían de auténtica realidad, de *ousía*. La idea del tiempo, intercalándose entre la *ousía* invariable y los estados diversos de la cosa, servía de puente entre la unidad latente del ser y, su aparente multiplicidad. La *res* quedaba aquí concebida como algo que tiene en su entraña la misma condición ontológica que el concepto y el triángulo: la identidad, la invariabilidad radical, la estabilidad, la profunda quietud que para el griego significaba el vocablo *ser*.

El proceso que lleva la *natura* del aristotelismo a convertirse en la regla o ley estable de los inestables, fenómenos para Boyle, lejos de ser una degeneración es una depuración del concepto originario y, como si dijéramos, su confesión sincera. Así, en Comte-Stuart Mill todo pende, como de un clavo, de la "invariabilidad de las leyes de la naturaleza". La naturaleza del positivismo es ya pura y declarada "invariabilidad", ser fijo, estático... eleático.

Ahora bien: poner como condición a lo real, para que sea admitido como tal, que consista en algo idéntico, fue la gigantesca arbitrariedad de Parménides y, en general, del griego ortodoxo. No vamos ahora a indagar el origen de eso que llamo sublime "arbitrariedad", aunque el tema es terriblemente atractivo. La palabra es concepto expreso, y el concepto es *una* realidad entre las realidades que tiene la peculiaridad de consistir en identidad, diríamos de estar hecho de identidad. Al hablar sobre la realidad -*ontología*- nos encontramos teniendo que ser fieles, a la vez, a las condiciones de lo real sobre que pensamos y a las condiciones del pensar con que "manipulamos" la realidad.

Se comprende perfectamente que la filosofía, en su primer estadio, no poseyese agilidad bastante para distinguir, mientras pensaba sobre lo real, qué era en lo pensado la porción perteneciente al intelecto y qué lo que propiamente pertenecía al objeto. En rigor, hasta Kant no se ha empezado a ver con claridad que el pensamiento no es copia y espejo de lo real, sino operación transitiva que sobre él se ejecuta, intervención quirúrgica en él. Por eso desde Kant ha comenzado la filosofía lo que Platón llamaría su "segunda navegación", su segundo aprendizaje, El cual estriba en advertir que, si es posible un conocimiento de la auténtica realidad (y sólo el filosófico pretende serlo), tendrá que consistir en un pensar duplicado, de ida y vuelta; quiero decir, en un pensar que, después de haber pensado algo sobre lo real, se vuelve contra lo pensado y resta de él lo que es mera forma intelectual, para dejar sólo en su, desnudez la intuición de lo real. La cosa es tremebunda y paradójica, pero no tiene remedio. En la formidable cruzada de liberación del hombre que es la misión del intelecto ha llegado un momento en que necesita éste -liberarse de su más íntima esclavitud, esto es, de sí mismo. De donde resulta que, precisamente por habernos Kant enseñado que el pensamiento tiene *sus* formas propias que proyecta sobre lo real, el fin del proceso por él iniciado consiste en extirpar a lo real todas esas formas, que le son, a la vez, inevitables y ajenas, y aprender a pensar en un perpetuo ¡alerta!, en un incesante *modus ponendo tollens*. En suma, tenemos que aprender a desintelectualizar lo real a fin de serle fieles.

El eleatismo fue la intelectualización radical del ser, y ella constituye el círculo mágico a que antes me refería y que es urgente transcender. Lo que en el naturalismo nos estorba para concebir los fenómenos humanos y los tapa ante nuestra mente, no son los atributos secundarios de, las cosas, de las *res,* sino la idea misma de *res* fundada en el ser idéntico y, porque idéntico, fijo, estático, previo y dado. Donde ese sutil atributo perdure sigue habiendo naturalismo, ser invariable. El naturalismo es, en su raíz, intelectualismo (=proyección sobre lo real del modo de ser peculiar a los conceptos). Renunciemos alegremente, valerosamente, a la comodidad de presumir que lo real es lógico, y reconozcamos que lo único lógico es el pensamiento. Ya el objeto matemático presenta simas de ilogismo tan tremendas como el "laberinto de las dificultades de lo continuo" y todos los problemas que inspiraron a Brouwer el intento de derrocar el *principium tertii exclusi.* La física nos sorprende hoy dramáticamente con los estados de in-identificación de los elementos atómicos.

No será necesario declarar que este artículo no es un tratado, sino, todo lo contrario, una serie de tesis que presento indefensas al *fair play* meditativo de los lectores. Creo, sin embargo, que ahora cobrará algún sentido mi enigmática afirmación antecedente, según la cual, el concepto de Espíritu es un naturalismo larvado y, por ello, inoperante frente a las concepciones naturalistas, sus presuntas enemigas.

El espíritu, si algo en el mundo lo es, es identidad y, por tanto, *res,* cosa -todo lo sutil, etérea, que se quiera. El espíritu tiene una consistencia estática: es ya y desde luego lo que es y va ser. Era tan evidente la rebeldía de lo humano a ser concebido estáticamente, que pronto hubo de intentarse -

Leibniz- superar el estatismo haciendo consistir al espíritu en actividad, en *dynamis*. ¡Intento vano! Porque esa actividad, como toda actividad, es siempre una y la misma, fija, prescrita, ontológicamente inmóvil. En Hegel, el movimiento del espíritu es pura ficción, porque es un movimiento interno al espíritu, cuya consistencia es en su verdad fija, estática y preestablecida. Ahora bien: toda entidad cuyo ser consiste en ser idéntico posee evidentemente ya y desde luego todo lo que necesita para ser. Por esta razón, el ser idéntico es el ser substante o substancia, el ser que se basta a sí mismo, el ser suficiente. Esto es la *cosa*. El espíritu no es sino una cosa. No parece sino que las otras cosas son cosas por su materialidad, por su espacialidad, por su fuerza. De nada les serviría todo esto si no fuesen, además, y antes que todo, idénticas, *por tanto, conceptos*. La *protocosa*, la *Urding*, es el intelecto. El identi-fica, cosi-fica -*ver-dinglich* - todo lo demás.

Los caballeros del Espíritu no tienen derecho a sentir ese asco frente a la naturaleza, un gracioso asco plotiniano. Porque el error profundo del naturalismo es inverso del que se le supone: no consiste en que tratemos las ideas como si fuesen realidades corporales, sino, al revés, en que tratamos las realidades -cuerpos o no- como si fuesen ideas, conceptos: en suma, identidades.

Cuando Heine, sin duda al salir de una lección de Hegel, preguntaba a su cochero: "¿Qué son las ideas?", éste respondía: "¿Las ideas?... Las ideas son las cosas que se le meten a uno en la cabeza" Pero el caso es que podemos más formalmente decir que las cosas son las, ideas que se nos salen fuera de la cabeza y son tomadas por nosotros como realidades.

La necesidad de superar y trascender la idea de naturaleza procede precisamente de que no puede valer ésta como realidad auténtica, sino que es algo relativo al intelecto del hombre, el cual, a su vez, no tiene realidad, tomado aparte y suelto -éste es el error de todo idealismo o "espiritualismo"-, sino funcionando en una vida humana, movido por urgencias constitutivas de ésta. La naturaleza es una interpretación transitoria que el hombre ha dado a lo que encuentra frente a sí en su vida. A ésta, pues, como realidad radical -que incluye y preforma todas las demás-, somos referidos.

Ahora sí que nos encontramos frente a ella liberados del naturalismo, porque hemos aprendido a inmunizarnos del intelectualismo y sus calendas griegas. Ahí está el "hecho" previo a todos los hechos, en que todos los demás flotan y de que todos emanan: la vida humana según es vivida por cada cual. *Hic Rhodus, hic salta*. Se trata de pensarla urgentemente, según se presenta en su primaria desnudez, mediante conceptos atentos sólo a describirla y que no aceptan imperativo alguno de la ontología tradicional.

Claro es que este artículo no pretende desarrollar esa, empresa y se limita a insinuar lo más imprescindible para que su título -*Historia como sistema*-, cobre un sentido preciso.

VII

Mal podía la razón físico-matemática, en su forma crasa de naturalismo o en su forma beatífica de espiritualismo, afrontar los problemas humanos. Por su misma constitución, no podía hacer más que buscar la naturaleza del hombre. Y, claro está, no la encontraba. Porque el hombre no tiene naturaleza. El hombre no es su cuerpo, que es una cosa; ni es su alma, psique, conciencia o espíritu, que es también una cosa. El hambre no es cosa ninguna, sino un drama - su vida, un puro y universal acontecimiento que acontece a cada cual y en que cada cual no es, a su vez, sino acontecimiento. Todas las cosas, sean las que fueren, son ya meras interpretaciones que se esfuerza en dar lo que encuentra. El hombre no encuentra cosas, sino que las pone o supone. Lo que encuentra son puras dificultades y puras facilidades para existir. El existir mismo no le es dado "hecho" y regalado como a la piedra, sino que -rizando el rizo que las primeras palabras de este artículo inician, diremos- al encontrarse con que existe, al acontecerle existir, lo único que encuentra o le acontece es no tener más remedio que hacer algo para no dejar de existir. Esto muestra que el modo de ser de la vida ni siquiera como simple existencia es *ser ya,* puesto que lo único que nos es dado y que *hay* cuando hay vida humana es tener que hacérsela, cada cual la suya. La vida es un gerundio y no un participio: un *faciendum* y no un *factum.* La vida es quehacer. La vida, en efecto, da mucho que hacer. Cuando el médico, sorprendido de que Fontenelle cumpliese en plena salud sus cien años, le preguntaba qué sentía, el centenario respondió: *Rien, rien du tout... Seulement une certaine difficulté d'être.* Debemos generalizar y decir que la vida, no sólo a los cien años, sino siempre, consiste en *difficulté d'être,* Su modo de ser es formalmente ser difícil, un ser que consiste en problemática tarea. Frente al ser suficiente de la sustancia o cosa, la vida es el ser indigente, el ente que lo único que tiene es, propiamente, menesteres. El astro, en cambio, va, dormido como un niño en su cuna, por el carril de su órbita.

En cada momento de mi vida se abren ante mí diversas posibilidades: puedo hacer esto o lo otro. Si hago esto, seré A en el instante próximo; si hago lo otro, seré B. En este instante puede el lector dejar de leerme o seguir leyéndome. Y por escasa que sea la importancia de este ensayo, según que haga lo uno o lo otro, e lector será A o, será B, habrá hecho de sí mismo un A o un B. El hombre es el ente que se hace a sí mismo, un ente que la ontología tradicional sólo topaba precisamente cuando, concluía y que renunciaba a entender: la *causa sui.* Con la diferencia de que la *causa sui* sólo tenía que "esforzarse" en ser la *causa* de sí mismo, pero no en determinar qué *sí mismo* iba a causar. Tenía, desde luego, un *sí mismo* previamente fijado e invariable, consistente, por ejemplo, en infinitud.

Pero el hombre no sólo tiene que hacerse a sí mismo, sino que lo más grave que tiene que hacer es determinar *lo que* va a ser. Es *causa sui* en segunda potencia. Por una coincidencia que no es casual, la doctrina del ser viviente sólo encuentra en la tradición como conceptos, aproximadamente utilizables, los que intentó pensar la doctrina del ser divino. Si el lector ha resuelto ahora seguir leyéndome en el próximo instante será, en última instancia, porque hacer eso es lo que mejor concuerda con el programa general que para su vida ha adoptado, por tanto, con el hombre determinado que ha resuelto ser. Este programa vital es el *yo* de cada hombre, el cual ha elegido entre diversas posibilidades de ser, que en cada instante se abren ante él.

Sobre estas posibilidades de ser importa decir lo siguiente:

1.º Que tampoco me son regaladas, sino que tengo que inventármelas, sea originalmente, sea por recepción de los demás hombres, incluso en el ámbito de mi vida. Intento proyectos de hacer y de ser en vista de las circunstancias. Esto es lo único que encuentro y que me es dado: la circunstancia. Se olvida demasiado que el hombre es imposible sin imaginación, sin la capacidad de inventarse una figura de vida, de "idear" el personaje que va a ser. El hombre es novelista de sí mismo, original o plagiario.

2.º Entre esas posibilidades tengo que elegir. Por tanto, soy libre. Pero, entiéndase bien, soy *por fuerza* libre, lo soy quiera o no. La libertad no es una actividad que ejercita un ente, el cual aparte y antes de ejercitarla tiene ya un ser fijo. Ser libre quiere decir carecer de identidad constitutiva, no estar adscrito a un ser determinado, poder ser otro del que se era y no poder instalarse de una vez y para siempre en ningún ser determinado. Lo único que hay de ser fijo y estable en el ser libre es la constitutiva inestabilidad.

Para hablar, pues, del ser-hombre tenemos que elaborar un concepto no-eleático del ser, como se ha elaborado una geometría no-euclidiana. Ha llegado la hora de que la simiente de Heráclito dé su magna cosecha.

El hombre es una entidad infinitamente plástica de la que se puede hacer lo que se quiera. Precisamente porque ella no es de suyo nada, sino mera potencia para ser "como usted quiera". Repase en un minuto el lector todas las cosas que el hombre ha sido, es decir, que ha hecho de sí -desde el "salvaje" paleolítico hasta el joven *surrealista* de París. Yo no digo que en cualquier instante pueda hacer de sí cualquier cosa. En cada instante se abren ante él posibilidades limitadas -ya veremos por qué límites. Pero si se toma en vez de, un instante todos los instantes, no se ve qué fronteras pueden ponerse a la plasticidad humana. De la hembra paleolítica han salido *madame* Pompadour y Lucila de Chateaubriand; del indígena brasileño que no puede contar arriba de cinco salieron Newton y Enrique Poincaré. Y estrechando las distancias temporales, recuérdese que en 1873 vive todavía el liberal Stuart Mill, y en 1903 el liberalísimo Herbert Spencer, y que en 1921 ya están ahí mandando Stalin y Mussolini.

Mientras tanto, el cuerpo y la psique del hombre, su *naturaleza,* no ha experimentado cambio alguno importante al que quepa claramente atribuir aquellas efectivas mutaciones. Por el contrario, sí ha acontecido el cambio "sustancial" de la realidad "vida humana" que supone pasar el hombre de creer que tiene que existir en un mundo compuesto sólo de voluntades arbitrarias a creer que tiene que existir en un mundo donde hay "naturaleza", consistencias invariables, identidad, etc. La vida humana no es, por tanto, una entidad que cambia accidentalmente, sino, al revés, en ella la "sustancia" es precisamente cambio, lo cual quiere decir que no puede pensarse eleáticamente como sustancia. Como la vida es un "drama" que acontece y el "sujeto" a quien le acontece no es una "cosa" aparte y antes de su drama, sino que es función de él, quiere decirse que la "sustancia" sería su argumento. Pero si éste varía, quiere decirse que la variación es "sustancial".

Siendo él ser de lo viviente un ser siempre distinto de sí, mismo -en términos de la escuela, un ser metafísicamente y no sólo físicamente móvil-, tendrá que ser pensado mediante conceptos que anulen su propia e inevitable identidad. Lo cual no es cosa tan tremebunda como a primera vista parece. Yo no puedo ahora rozar siquiera la cuestión. Sólo, para no dejar la mente del lector flotando desorientada en el vacío, me permito recordarle que el pensamiento tiene mucha más capacidad de evitarse a sí mismo de la que se suele suponer. Es constitutiva- mente generoso: es el gran altruista. Es capaz de pensar lo más opuesto al pensar. Baste un ejemplo: hay conceptos que algunos denominan "ocasionales". Así el concepto "aquí", el concepto "yo", el concepto "éste". Tales conceptos o significaciones tienen una identidad formal que les sirve precisamente para asegurar la no-identidad constitutiva de la materia por ellos significada o pensada. Todos los conceptos que quieran pensar la auténtica realidad -que es la vida- tienen que ser en este sentido "ocasionales". Lo cual no es extraño, porque la vida es pura ocasión, y por eso el cardenal Cusano llama al hombre un *Deus occasionatus,* porque, según él, el hombre, al ser libre, es creador como Dios; se entiende; es un ente creador de su propia entidad. Pero a diferencia de Dios, su creación no es absoluta, sino limitada por la ocasión, Por tanto, literalmente, lo que yo oso afirmar: que el hombre se hace a sí mismo en vista de la circunstancia, que es un Dios de ocasión.

Todo concepto es una *allgemeine Bedeutung* (Husserl). Pero, mientras en los otros conceptos la generalidad consiste en que, al aplicarlos a un caso singular, debemos pensar siempre *lo mismo* que al aplicarlo a otro caso singular, en el concepto ocasional, la generalidad actúa invitándonos precisamente a no pensar nunca *lo mismo* cuando lo aplicamos. Ejemplo máximo, el propio concepto "vida" en el sentido de vida humana. Su significación *qua* significación es; claro está, idéntica; pero lo que significa es no sólo algo singular, sino algo único. La vida es la de cada cual.

Permítaseme, en gracia de la brevedad, que interrumpa aquí estas consideraciones y renuncie a salir al paso de las más obvias dificultades.

VIII

Lindoro, un antiguo *homme a femmes,* me hace esta confianza:

"Ayer he conocido a Hermione: es una mujer encantadora. Ha estado conmigo deferente, insinuante. Se me ocurre hacerle el amor e intentar ser correspondido. Pero ¿es que mi auténtico ser, eso que llamo *yo,* puede, consistir en "ser el amante de Hermione"? Apenas, en la anticipación que es el imaginar, me represento con alguna precisión mi amor con Hermione, rechazo enérgicamente tal proyecto de ser ¿Por qué? No encuentro reparo alguno que poner a Hermione, pero es... que tengo cincuenta años, y a los cincuenta años, aunque el cuerpo se conserve tan elástico como a los treinta y los resortes psíquicos funcionen con el mismo vigor, no puedo ya ser amante de Hermione. Pero ¿por qué? ¡Ahí está! Porque, como tengo bastantes años, he tenido tiempo de ser antes el amante de Cidalisa y el amante de Arsinoe y el amante de Glukeia, y ya sé lo que es ser amante, conozco sus excelencias, pero conozco también sus límites. En suma, he hecho a fondo la experiencia de esa forma de vida que se llama amar a una mujer y, francamente, me basta. De donde resulta que la causa de que yo no sea mañana un amante es precisamente que lo he sido. Si no lo hubiera sido, si no hubiera hecho a fondo esa experiencia del amor, yo sería el amante de Hermione."

He aquí una nueva dimensión de esa extraña realidad que es la vida. Ante nosotros están las diversas posibilidades de ser, pero a nuestra espalda está lo que hemos sido. Y lo que hemos sido actúa negativamente sobre lo que podemos ser. . El hombre europeo ha sido "demócrata", "liberal", "absolutista", "feudal", pero ya no lo es. ¿Quiere esto decir, rigurosamente hablando, que no siga en algún modo siéndolo? Claro que no. El hombre europeo sigue siendo todas esas cosas, pero lo es en la "forma de haberlo sido". Si no hubiese hecho esas experiencias, si no las tuviese a su espalda y no las siguiese siendo en esa peculiar forma de haberlas sido, es posible que, ante las dificultades de la vida política actual, se resolviese a ensayar con ilusión alguna de esas actitudes. Pero "haber sido algo" es la fuerza que más automáticamente impide serlo.

Si Lindoro no hace el amor a Hermione, por tanto, si la realidad de su vida es ahora la que es, la que va a ser se debe a lo que vulgarmente se llama "experiencia de la vida". Es ésta un conocimiento de lo que hemos sido que la memoria nos conserva y que encontramos siempre acumulado en nuestro hoy, en nuestra actualidad o realidad. Pero es el caso que ese conocimiento determina negativamente mi vida en lo que ésta tiene de realidad, en su ser. De donde resulta que la vida es constitutivamente *experiencia de la vida*. Y los cincuenta años significan una realidad absoluta, no porque el cuerpo flaquea o la psiquis se afloja, cosa que a veces no acontece, sino porque a esa edad se ha acumulado más pasado viviente, se ha sido más cosas y se "tiene más experiencia". De donde resulta que el ser del hombre es irreversible, está ontológicamente forzado a avanzar siempre sobre sí mismo, no porque tal instante del tiempo no puede volver, sino al revés: el tiempo no vuelve porque el hombre no puede volver a ser lo que ha sido.

Pero la experiencia de la vida no se compone sólo de las experiencias que yo personalmente he hecho, de mi pasado. Va integrada también por el pasado de los antepasados que la sociedad en que vivo me transmite. La sociedad consiste primariamente en un repertorio de usos intelectuales, morales, políticos, técnicos, de juego y placer. Ahora bien: para que una forma de vida -una opinión, una conducta- se convierta en uso, en vigencia social, es preciso "que pase tiempo" y con ello que deje de ser una forma espontánea de la vida personal. El uso *tarda* en formarse. Todo uso es viejo. O lo que es igual, la sociedad es, primariamente, pasado, y relativamente al hombre, tardígrada. Por lo demás, la instauración de un nuevo uso -de una nueva "opinión pública" o "creencia colectiva", de una nueva moral, de una nueva forma de, gobierno-, la determinación de *lo que* la sociedad en cada momento *va a ser,* depende de lo que ha sido, lo, mismo que la vida personal. En la crisis política actual, las sociedades de Occidente se encuentran con que no pueden ser sin más ni más, "liberales", "demócratas", "monárquicas", "feudales", ni... "faraónicas", precisa- mente porque ya lo han sido, por sí o por saber cómo lo fueron otras. En la "opinión pública política" actual, en ese uso hoy vigente, sigue actuando una porción enorme de pasado y, por tanto, *es* todo eso en la forma de *haberlo sido.*

Tome el lector, sencillamente, nota de lo que le pasa cuando, ante los grandes problemas políticos actuales, quiere adoptar una actitud. Primero se pone de pie en su mente una cierta figura de posible gobernación, por ejemplo: el autoritarismo. Ve en él, con razón, el medio de dominar algunas dificultades de la situación política. Mas si esa solución es la primera o una de las primeras que se le han ocurrido, no es por casualidad. Es tan obvia precisamente porque ya estaba ahí, porque el lector no ha tenido que inventarla por sí. Y estaba ahí no sólo como proyecto, sino como experiencia hecha. El lector sabe, por haber asistido a ello o por referencias, que ha habido monarquías absolutas, cesarismo, dictaduras unipersonales o colectivas. Y sabe también que todos estos autoritarismos, si bien resuelven algunas dificultades, no resuelven todas; antes bien, traen consigo nuevas dificultades. Esto hace que el lector rechace esa solución y ensaye mentalmente otra en la cual se eviten los inconvenientes del autoritarismo. Pero con ésta le acontece lo propio, y así sucesivamente hasta que agota todas las figuras de gobernación que son obvias porque ya estaban ahí, porque ya sabía de ellas, porque habían sido experimentadas. Al cabo de este movimiento intelectual al través de las formas de gobierno, se encuentra con que sinceramente, con plena convicción, sólo podría aceptar una... nueva, una que no fuese ninguna de las sidas, que necesita inventarla, inventar un nuevo ser del Estado -aunque sea sólo un *nuevo* autoritarismo, o un *nuevo* liberalismo-, o buscar en su derredor alguien que la haya inventado o sea capaz de inventarla. He aquí, pues, como en nuestra actitud política actual, en nuestro ser p6htico, pervive todo el pasado humano que nos es conocido. Ese pasado es pasado no porque pasó a otros, sino porque forma parte de nuestro presente, de lo que somos en la forr6a de haber sido; en suma, porque es *nuestro* pasado. La vida como realidad es absoluta presencia: no puede decirse que *hay* algo si no es presente, actual. Si, pues, *hay* pasado, lo habrá como presente y actuando ahora en nosotros. Y, en efecto, si analizamos lo que ahora somos, si miramos al trasluz la consistencia de nuestro presente para descomponerlo en sus elementos como pueda hacer el químico o el físico con un cuerpo, nos encontramos, sorprendidos, con que nuestra vida, que es siempre *ésta*, la de este instante presente o actual, se *compone* de lo que hemos sido personal y colectivamente. Si hablamos de *ser* en el sentido tradicional, como *ser ya* lo que se es, como ser fijo, estático, invariable y dado, tendremos que decir que lo único que el hombre tiene de ser, de "naturaleza", es lo que ha sido. El pasado es el momento de identidad en el hombre, lo que tiene de cosa, lo inexorable y fatal. Mas, por lo mismo, si el hombre no tiene más ser eleático que lo que ha sido, quiere decirse que su auténtico ser, el que en efecto, es y no sólo "ha sido", es distinto del pasado, consiste precisa y formalmente en "ser lo que no ha sido", en un ser no-eleático. Y como el término "ser" está irresistiblemente ocupado por su significación estática tradicional, convendría libertarse de él. El hombre no es, sino que "va siendo" esto y lo otro. Pero el concepto "ir siendo" es absurdo: promete algo lógico y resulta, al cabo perfectamente irracional. Ese "ir siendo" es lo que, sin absurdo, llamamos "vivir". No digamos, pues, que el hombre *es,* sino que *vive.*

Por otra parte, conviene hacerse cargo del extraño modo de conocimiento, de comprensión que es ese análisis de lo que concretamente es nuestra vida, por tanto, la de ahora. Para entender la conducta de Lindoro, ante Hermione, o la del lector ante los problemas públicos; para averiguar la razón de nuestro ser o, lo que es igual, *porqué* somos como somos, ¿qué hemos hecho? ¿Qué fue lo que nos hizo comprender, *concebir* nuestro ser? Simplemente contar, narrar que *antes* fui el amante de esta y aquella mujer, que *antes* fui cristiano; que el lector, por sí o por los otros hombres de que sabe, fue absolutista, cesarista, demócrata, etc. En suma, aquí el razonamiento esclarecedor, la *razón,* consiste en una narración. Frente a la razón pura físico-matemática hay, pues, una razón narrativa. Para comprender algo humano, personal o colectivo, es preciso contar una historia. Este hombre, esta nación hace tal cosa y es así *porque* antes hizo tal otro y fue de tal otro modo. La vida sólo se vuelve un poco transparente ante la *razón histórica*.

Las formas más dispares del ser *pasan* por el hombre. Para desesperación de los intelectualistas, el *ser* es, en el hombre, mero *pasar* y *pasarle:* le "pasa ser" estoico, cristiano, racionalista, vitalista. Le pasa ser la hembra paleolítica y la *marquise* de Pompadour, Gengis-Khan y Stepahn George, Pericles y Charles Chaplin. El hombre no se adscribe a ninguna de esas formas: las atraviesa -las vive- como la flecha de Zenón, a pesar de Zenón, vuela sobre quietudes.

El hombre se inventa un programa de vida, una figura estática de ser, que responde satisfactoriamente a las dificultades que la circunstancia le plantea. Ensaya esa figura de vida, intenta realizar ese personaje imaginario que ha resuelto ser. Se embarca ilusionado en ese ensayo y hace a fondo la experiencia de él. Esto quiere decir que llega a *creer* profundamente que ese personaje es su verdadero ser. Pero al experimentarlo aparecen sus insuficiencias, los límites de ese programa vital. No resuelve todas las dificultades y produce otras nuevas. La figura de vida apareció primero de frente, por su faz luminosa: por eso fue ilusión, entusiasmo, la delicia de la promesa. Luego se ve su limitación, su espalda. Entonces el hombre idea otro programa vital. Pero este segundo programa es conformado, no sólo en vista de la circunstancia, sino en vista también del primero. Se procura que el nuevo proyecto evite los inconvenientes del primero. Por tanto, en el segundo sigue actuando el primero, que es conservado para ser evitado. Inexorablemente, el hombre evita el ser lo que fue. Al segundo proyecto de ser, a la segunda experiencia a fondo, sucede una tercera, forjada en vista de la segunda y la primera, y así sucesivamente. El hombre "va siendo" y "des-siendo" -viviendo. Va acumulando ser -el pasado se va haciendo un ser en la serie dialéctica de sus experiencias. Esta dialéctica no es de la razón lógica, sino precisamente de la histórica -es la *Realdialektik,* con que en un rincón de sus papeles soñaba Dilthey, el hombre a quien más debemos sobre la idea de la vida y, para mi gusto, el, pensador más importante de la segunda mitad del siglo XIX.

¿En qué consiste esa dialéctica que no tolerar las fáciles anticipaciones de la dialéctica lógica? ¡Ah!, eso es lo que hay que averiguar sobre los hechos. Hay que averiguar, cuál es esa serie, cuáles son sus estadios y en qué consiste el nexo entre los sucesivos. Esta averiguación es lo que se llamaría historia, si la historia se propusiese averiguar eso, esto es, convertirse en razón histórica.

Ahí está, esperando nuestro estudio, el auténtico "ser" del hombre -tendido a lo largo de su pasado. El hombre, es lo que le ha pasado, lo que ha hecho. Pudieron pasarle, pudo hacer otras cosas, pero he aquí que lo que efectivamente le ha pasado y ha hecho constituye una inexorable trayectoria de experiencias que lleva a su espalda, como el vagabundo el hatillo de su haber. Ese peregrino del ser, ese sustancial emigrante, es el hombre. Por eso carece de, sentido poner límites a lo que el hombre es capaz de ser, En esa ilimitación principal de sus posibilidades, propia de quien no tiene una naturaleza, sólo hay una línea fija, preestablecida y dada, que puede orientarnos, sólo hay, un límite: el pasado. Las experiencias de vida hechas estrechan el futuro del hombre. Si no sabemos lo que va a ser, sabemos lo que no va a ser. Se vive en vista del pasado.

En suma, que *el hombre no tiene naturaleza, sino que tiene... historia*. O, lo que es igual: lo que la naturaleza es, a las cosas, es la historia -como *res gestae*- al hombre. Una vez más tropezamos con la posible aplicación de conceptos teológicos a la realidad humana. *Deus cui hoc est natura quod fecerit...*, dice San Agustín. Tampoco el hombre tiene otra "naturaleza" que lo que ha hecho.

Es sobremanera cómico que se condene el historicismo porque produce en nosotros o corrobora la conciencia de que lo humano es, en todas sus direcciones, mudadizo y riada concreto es en él estable. ¡Como si el ser estable -la piedra, por ejemplo- fuese preferible al mutante! La mutación "sustancial es la condición de que una entidad pueda ser progresiva como tal entidad, que su ser consista en progreso. Ahora bien: del hombre es preciso decir, no sólo que su ser es variable, sino que su ser crece y, en este sentido, que progresa. El error del viejo progresismo estribaba en afirmar *a priori* que progresa hacia lo mejor. Esto sólo podrá decirlo *a posteriori* la razón histórica concreta. Esta es la gran averiguación que de ella esperamos, puesto que de ella esperamos la aclaración de la realidad humana y con ello de qué es lo bueno, qué es lo malo, qué es lo mejor y qué es lo peor. Pero el carácter simplemente progresivo de nuestra vida sí es cosa que cabe afirmar *a priori,* con plena evidencia y con seguridad incomparable a la que ha llevado a suponer la improgresividad de la naturaleza, es decir, la "invariabilidad de sus leyes". El mismo conocimiento que nos descubre la variación del hombre nos hace patente su consistencia progresiva. El europeo actual no es solamente distinto de lo que era hace cincuenta años, sino que su ser de ahora incluye el de hace medio siglo. El europeo actual se siente hoy sin fe viva en la ciencia, precisamente *porque* hace cincuenta años creía a fondo en ella. Esa fe vigente hace medio siglo puede definirse con suficiente rigor, y entonces se vería que era tal *porque* hacia 1800 esa misma fe en la ciencia tenía otro perfil, y así sucesivamente hasta 1700, aproximadamente, fecha en que se constituye como "creencia colectiva", como "vigencia social", la fe en la razón. (Antes de esa fecha, la fe en la razón es una creencia individual o de pequeños grupos particulares que viven sumergidos en sociedades donde la fe en Dios, ya más o menos inercial, sigue vigente.) En nuestra crisis presente, en nuestra duda ante la razón, encontramos, pues, inclusa toda esa vida antecedente. Somos, pues, todas esas figuras de fe en la razón y además somos la duda que esa fe ha engendrado. Somos otros que el hombre de 1700 y somos más.

No hay, por tanto, que lagrimar demasiado sobre la mudanza de todo lo humano. Es precisamente nuestro privilegio ontológico. Sólo progresa quien no está vinculado a lo que ayer era, preso para siempre en ese ser que ya, es, sino que puede emigrar de ese ser a otro. Pero no basta con esto: no basta que pueda libertarse de lo que ya es para tomar una nueva forma, como la serpiente que abandona su camisa para quedarse con otra. El progreso exige que esta nueva forma supere la anterior y, para superarla, la conserve y aproveche; que se apoye en ella, que se suba sobre sus hombros, como una temperatura más alta va a caballo sobre las otras más bajas. Progresar es acumular ser, tesaurizar realidad. Pero este aumento, del ser, referido sólo al individuo, podía interpretarse naturalísticamente como mero desarrollo o *enodatio* de una disposición inicial. Indemostrada como está la tesis evolucionista, cualquiera que sea su probabilidad, cabe decir que el tigre de hoy no es más ni menos tigre que el de hace mil años: estrena el ser tigre, es siempre un primer tigre. Pero el individuo humano no estrena la humanidad. Encuentra desde luego en su circunstancia otros hombres y la sociedad que entre ellos se produce. De aquí que su humanidad, la que en él comienza a desarrollarse, parte de otra que ya se desarrolló y llegó a su culminación; en suma, acumula a su humanidad un modo de ser hombre ya forjado, que él no tiene que inventar, sino simplemente instalarse en él, partir de él para su individual desarrollo. Este no empieza para él, como en el tigre, que tiene siempre que empezar de nuevo, desde el cero, sino de una cantidad positiva a la que agrega su propio crecimiento. El hombre no es un primer hombre y eterno Adán, sino que es formalmente un hombre segundo, tercero, etc.

Tiene, pues, su virtud y su gracia ontológica la condición mudadiza y da ganas de recordar las palabras de Galileo: *I detrattori della corruptibilità meriterebber d'esser cangiati in statue.*

Tome el lector su vida en un esfuerzo de reflexión y mírela a trasluz como se mira un vaso de agua para ver sus infusorios. Al preguntarse por qué su vida es así y no de otro modo, le aparecerán no pocos detalles originados por un incomprensible azar. Pero las grandes líneas de su realidad le parecerán perfectamente comprensibles cuan- do vea que es él así porque, en definitiva, es así la sociedad – "el hombre colectivo"- donde vive y, a su vez, el modo de ser de ésta quedará esclarecido al descubrir dentro de él lo que esa sociedad fue -creyó, sintió, prefirió- antes, y así sucesivamente. Es decir, que verá en su propio e instantáneo hoy, actuando y viviente, el escorzo de todo el pasado humano, Porque no puede aclararse el ayer sin el anteayer, y así sucesivamente. La historia es un sistema -el sistema de las experiencias humanas, que forman una cadena inexorable y única. De aquí que nada pueda estar verdaderamente claro en historia mientras no está toda ella clara. Es imposible entender bien lo que es ese hombre "racionalista" europeo, si no se sabe bien lo que fue ser cristiano, ni lo que fue ser cristiano sin saber lo que fue ser estoico, y así sucesivamente. Y este sistematismo *rerum gestarum* reobra y se potencia en la historia como *cognitio rerum gestarum*. Cualquier término histórico, para ser preciso, necesita ser fijado en función de toda la historia, ni más ni menos que en la *Lógica* de Hegel cada concepto vale sólo por el hueco que le dejan los demás.

La historia es ciencia sistemática de la realidad radical que es mi vida. Es, pues, ciencia del más rigoroso y actual presente. Si no fuese ciencia del presente, ¿dónde íbamos a encontrar ese pasado que se le suele atribuir, como tema? Lo opuesto, que es lo acostumbrado, equivale a hacer del pasado una cosa abstracta e irreal que quedó inerte allá en su fecha, cuando el pasado es la fuerza viva y actuante que sostiene nuestro hoy. No hay *actio in distans*. El pasado no está allí, en su fecha, sino aquí, en mí. El pasado soy yo -se entiende, mi vida.

IX

El hombre necesita una nueva revelación. Y hay revelación siempre que el hombre se siente en contacto con una realidad distinta de él. No importa cuál sea ésta, con tal de que nos parezca absolutamente realidad y no mera idea nuestra sobre una realidad, presunción o imaginación de ella.

La razón física fue, en su hora, una revelación. La astronomía anterior a Kepler y Galileo era un mero juego de ideas, y cuando se *creía* en uno de los varios sistemas usados y en tal o cual modificación de esos sistemas, se trataba siempre de una pseudo-creencia. Se creía en una o en otra teoría como tal teoría. Su contenido no, era la realidad, sino sólo una "salvación de las apariencias". La adhesión que un cierto razonamiento o combinación de ideas provoca en nosotros no va más allá de ellas. Suscitada por las ideas como tales, termina en éstas. Se cree que aquellas ideas son, *dentro del juego y orbe de las ideas,* las mejor elaboradas, las más fuertes, mas sutiles, pero no por eso se experimenta la impresión arrolladora de que en esas ideas aflora la realidad misma; por tanto, que esas ideas no son "ideas", sino poros que se abren en nosotros, por los cuales nos penetra algo ultramental, algo trascendente que, sin intermedio, late pavorosamente bajo nuestra mano.

Las ideas, pues, representan dos papeles muy distintos, en la vida humana: unas veces son *meras ideas.* El hombre se da cuenta de que, a pesar de la sutileza y aun exactitud y rigor lógico de sus pensamientos, éstos no son más que invenciones suyas; en última instancia, juego intrahumano y subjetivo, intrascendente. Entonces la idea es lo contrario de una revelación -es una invención. Pero otras veces la idea desaparece como tal idea y se convierte en un puro modo de patética presencia que una realidad absoluta elige. Entonces la idea no nos parece ni idea ni nuestra. Lo trascendente se nos descubre por sí mismo, nos invade e inunda -y esto es la revelación.

Desde hace más de un siglo usamos el vocablo "razón", dándole un sentido cada día más degradado, hasta venir de hecho a significar el mero juego de ideas. Por eso aparece la fe como lo opuesto a la razón. Olvidamos que a la hora de su nacimiento en Grecia y de su renacimiento en el siglo XVI, la razón no era juego de ideas, sino radical y tremenda convicción de que en los pensamientos astronómicos se palpaba inequívocamente un orden absoluto del cosmos; que, a través de la razón física, la naturaleza cósmica disparaba dentro del hombre su, formidable secreto trascendente. La razón era, pues, una fe. Por eso, y sólo por eso, no por otros atributos y gracias peculiares pudo combatir con la fe religiosa, hasta entonces vigente. Viceversa, se ha desconocido que la fe religiosa es también razón, porque se tenía de esta última una idea angosta y fortuita. Se pretendía que la razón era sólo lo que se hacía en los laboratorios o el cabalismo de los matemáticos. La pretensión, contemplada desde hoy, resulta bastante ridícula y parece como una forma entre mil de provincialismo intelectual. La verdad es que lo específico de la fe religiosa se sostiene sobre una construcción tan conceptual como puede ser la dialéctica o la física. Me parece en alto grado sorprendente que hasta la fecha no exista -al menos yo no la conozco- una exposición del cristianismo como puro sistema de ideas, pareja a la que puede hacerse del platonismo, del kantismo o del positivismo. Si existiese -y es bien fácil de hacer-, se vería su parentesco con todas las demás teorías como tales y no parecería la religión tan abruptamente separada de la ideología.

Todas las definiciones de la razón, que hacían consistir lo esencial de ésta en ciertos modos particulares de operar con el intelecto, además de ser estrechas, la han esterilizado, amputándole o embotando su dimensión decisiva. Para mí es razón, en el verdadero y rigoroso sentido, toda acción intelectual que nos pone en contacto con la realidad, por medio de la cual topamos con lo trascendente. Lo demás no es sino... intelecto; mero juego casero y sin consecuencias, que primero divierte al hombre, luego le estraga y, por fin, le desespera y le hace despreciarse a sí mismo.

De aquí que sea preciso en la situación actual de la humanidad, dejar atrás, como fauna arcaica, los llamados "intelectuales" y orientarse de nuevo hacia los hombres de la razón, de la revelación.

El hombre necesita una nueva revelación. Por que se pierde dentro de su arbitraria e ilimitada cabalística interior cuando no puede contrastar ésta y disciplinarla en el choque con algo que sepa a auténtica e inexorable realidad. Esta es el único verdadero pedagogo y gobernante del hombre. Sin su presencia inexorable y patética, ni hay en serio cultura, ni hay Estado, ni hay siquiera -y esto es lo más terrible- realidad en la propia vida personal. Cuando el hombre se queda o cree quedarse solo, sin otra realidad distinta de sus ideas que le limite crudamente, pierde la sensación de su propia realidad, se vuelve ante sí mismo entidad imaginaria, espectral, fantasmagórica. Sólo bajo la presión formidable de alguna trascendencia se hace nuestra persona compacta y sólida y se produce en nosotros una discriminación entre lo que, en efecto, somos y lo que meramente imaginamos ser.

Ahora bien: la razón física, por su propia evolución, por sus cambios y vicisitudes, ha llegado a un punto en que, se reconoce a sí misma como mero intelecto, si bien como la forma superior de éste; hoy entrevemos que la física es combinación mental nada más. Los mismos físicos han descubierto el carácter meramente "simbólico", es decir, casero, inmanente, intrahumano, de su saber. Podrían producirse en la ciencia natural estas o las otras razones; podrá a la física de Einstein suceder otra; a la teoría de los *quanta*, otras teorías; a la idea de la estructura electrónica de la materia, otras teorías: nadie espera que esas modificaciones y procesos brinquen nunca más allá de un horizonte simbólico. La física no nos pone en contacto con ninguna trascendencia. La llamada naturaleza, por lo menos lo que bajo este nombre escruta el físico, resulta ser un aparato de su propia fabricación que interpone entre la auténtica realidad y su persona. Y, correlativamente, el mundo físico aparece, no como realidad, sino como una gran máquina apta para que el hombre la maneje y aproveche. Lo que hoy queda de fe en la física se reduce a fe en sus utilizaciones. Lo que tiene de real -de no mera idea- es sólo lo que tiene de útil. Por eso se ha perdido miedo a la física y con el miedo, respeto, y con el respeto, entusiasmo.

Pero, entonces, ¿de dónde puede venirnos esa nueva revelación que el hombre necesita?

Toda desilusión, al quitar al hombre la fe en una realidad, a la cual estaba puesto, hace que pase a primer plano y se descubra la realidad de lo que le queda y en la que no había reparado. Así, la pérdida de la fe en Dios deja al hombre sólo con su naturaleza, con lo que tiene. De esta naturaleza forma parte el intelecto, y el hombre, obligado a atenerse a él, se forja la fe en la razón físico-matemática. Ahora, perdida también -en la forma descrita- la fe en esa razón, se ve el hombre forzado a hacer pie en lo único que le queda y que es su desilusionado vivir. He aquí por qué en nuestros días comienza a, descubrirse la gran realidad de la vida como tal de que el intelecto no es más que una simple función y que posee, en consecuencia, un carácter de realidad más radical que todos los mundos construidos por el intelecto. Nos, encontramos, pues, en una disposición que podía denominarse "cartesianismo de la vida" y no de la *cogitatio*.

El hombre se pregunta: ¿qué es esta única cosa que me queda, mi vivir, mi desilusionado vivir? ¿Cómo he llegado a no ser sino esto? Y la respuesta es el descubrimiento de la trayectoria humana, de la serie dialéctica de sus experiencias, que, repito, pudo ser otra, pero ha sido la que ha sido y que es preciso conocer porque ella es *la* realidad trascendente. El hombre enajenado de sí mismo se encuentra consigo mismo como realidad, como historia. Y, por vez primera, se ve obligado a ocuparse de su pasado, no por curiosidad ni para encontrar ejemplos normativos, sino *porque no tiene* otra cosa. No se han hecho en serio las cosas sino cuando de verdad han hecho falta. Por eso es la sazón, esta hora presente, de que la historia se instaure como razón histórica.

Hasta ahora, la historia era lo contrario de la razón. En Grecia, los términos razón e historia eran contrapuestos. Y es que hasta ahora, en efecto, apenas se ha ocupado nadie de buscar en la historia su sustancia racional. El que más, ha querido llevar a ella una razón forastera, como Hegel, que inyecta en la historia el formalismo de su lógica, o Buckle, la razón fisiológica y física. Mi propósito es estrictamente inverso. Se trata de encontrar en la historia misma su original y autóctona razón. Por eso ha de entenderse en todo su rigor la expresión "razón histórica". No una razón extrahistórica que parece cumplirse en la historia, sino literalmente *lo que al hombre le ha pasado, constituyendo la sustantiva razón*, la revelación de una realidad trascendente a las teorías del hombre y que es él mismo por debajo de sus teorías.

Hasta ahora, lo que había de razón no era histórico, y lo que había de histórico no era racional.

La razón histórica es, pues, *ratio, lógos,* rigoroso concepto. Conviene que sobre esto no se suscite la menor duda. Al oponerla a la razón físico-matemática no se trata de conceder permisos de irracionalismo. Al contrario, la razón histórica es aún más racional que la física, más rigorosa, más exigente que ésta. La física renuncia a entender aquello de que ella habla. Es más: hace de esta ascética renuncia su método formal, y llega, por lo mismo, a dar al término entender un sentido paradójico de que protestaba ya Sócrates cuando, en el *Fedón,* nos refiere su educación intelectual; y tras Sócrates todos los filósofos hasta fines del siglo XVII, fecha en que se establece el racionalismo empirista. Entendemos de la física la operación de análisis que ejecuta al reducir los hechos complejos a un repertorio de hechos más simples. Pero estos hechos elementales y básicos de la física son ininteligibles. El choque es perfectamente opaco a la intelección. Y es inevitable que sea así, puesto que es un hecho. La razón histórica, en cambio, no acepta nada como mero hecho, sino que fluidifica todo hecho en el *fieri* de que proviene: *ve* cómo se hace el hecho. No cree aclarar los fenómenos humanos reduciéndolos a un repertorio de instintos y "facultades" -que serían, en efecto, hechos brutos, como el choque y la atracción-, sino que muestra lo que el hombre hace con esos instintos y facultades, e inclusive nos declara cómo han venido a ser esos "hechos" –los instintos y las facultades-, que no son, claro está, más que ideas - interpretaciones- que el hombre ha fabricado en una cierta coyuntura de su vivir.

En 1844 escribía Auguste Comte *(Discours sur l'esprit, positif,* Ed. Schleicher, 73): "On peut assurer aujourd'hui que la doctrine qui aura suffisamment expliqué l'ensemble du passé obtiendra inévitablement, par suite de cette seule épreuve, la présidence mentale de l'avenir."

OTROS LIBROS PUBLICADO POR OMNIA VERITAS

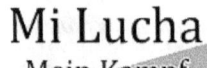

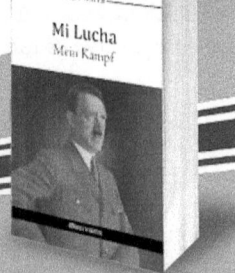

www.omnia-veritas.com

www.ingramcontent.com/pod-product-compliance
Lightning Source LLC
Chambersburg PA
CBHW050133170426
43197CB00011B/1816